沖縄企業の競争力

與那原 建・山内昌斗 著

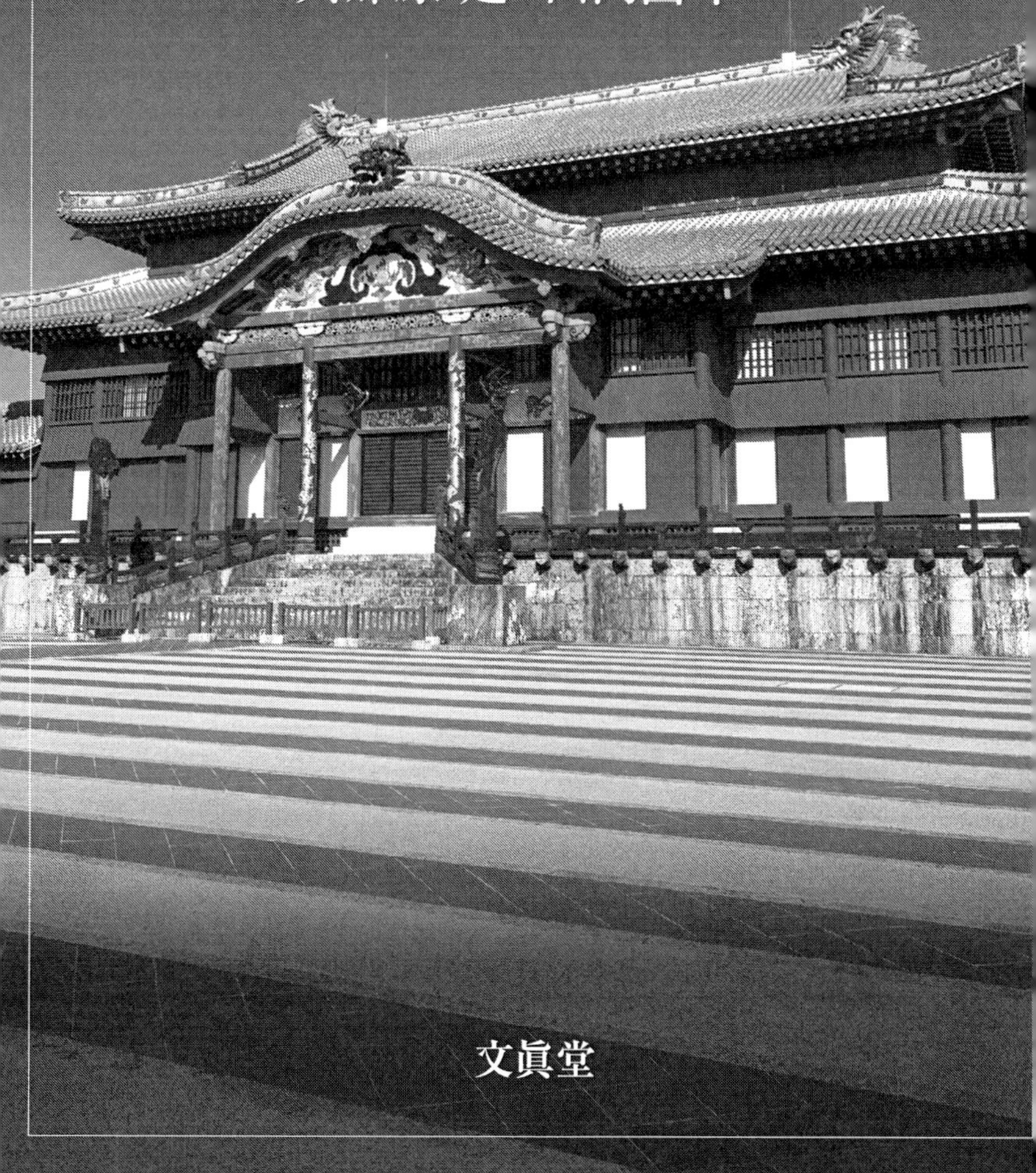

文眞堂

まえがき

ローカル企業が長期にわたり成長・発展し続けるためには、どのような経営展開が考えられるのだろうか。この問いに答えようとするものが本書である。結論から言えば、ローカルの場にルーツをもつ知識の活用と探索が、ローカル企業の成長・発展に有効であると考えている。

では、なぜローカルの場にルーツをもつ知識が重要なのだろうか。そのような資源をいかにして活用するのか。どのように探し出すのか。これらの設問に対して、本書では経営戦略論ならびに経営史の立場から説明していく。

我々がローカル企業の長期的な成長・発展に関心を抱いたのは、地方が抱える社会的な問題を目の当たりにしたからである。研究対象地域とした沖縄は、豊かな自然や賑やかな観光地というイメージがあるが、実際には高い完全失業率、低い県民所得、それによる貧困の発生という深刻な社会問題を抱えている。これまでにさまざまな経済振興策が打ち出され一定の効果を上げてきたが、現実にはまだまだ貧困の問題を解決できていない。世代を越えて続く、負の連鎖を断ち切れないままにある。

こうした問題は沖縄のみならず、日本国内各地で起きている。もっといえば、世界中に同じような社会問題を抱えた地域が存在する。この問題を克服するためには、地域の活性化が重要であり、その担い手の一つであるローカル企業が、持続的競争優位をもつ必要があると考えている。ローカル企業が主体となって、地域の雇用を生み出し、富をもたらすとともに、その地で暮らす人々が築いてきた伝統や文化、歴史、自然を守り、次世代に引き継いでいく仕組みをつくらなければならない。

我々の研究は、沖縄という場からスタートした。筆者らの生まれ故郷であったことが研究のきっかけになっているが、それよりも、研究対象とするに学術的な適切性があったことが理由にある。一つには、決して恵まれているとはいえない経営環境下での、成功的な企業の存在である。沖縄は戦前より失業率が高く、県民所得が低い状況が常態化している地域である。戦前・戦後を通じて海外への移民が多い県である事実は、経済的基盤の弱さを物語っている（上間 2003）。

しかし、恵まれない経営環境にあっても、長期にわたり良好な経営状況を維持している企業が存在する。なぜ、それら企業は持続的競争優位を持ちえたのだろうか。それら企業の経営の歴史から学びうる知見を抽出することで、ローカル企業が活性化する何らかの処方箋を見つけることができるのではないだろうかと考えたことが、研究対象とした理由の一つにある。

もう一つの理由は、地理的・歴史的な環境にある。沖縄は周囲を海に囲まれており、外部から隔絶された場のようにみえるが、約41万5千人の在外県系人を抱える場でもある（2016年度推計。沖縄県交流推進課調べ）。また、唐の世《とぅぬゆー》（中国：琉球国時代）、大和の世《やまとぅぬゆー》（戦前日本）、アメリカ世《ゆー》（米国統治時代）、そして本土復帰後の現在と、いくつもの時代の移り変わりを経験した場でもある。つまり、グローバル性を内包するローカルな場である。こうした背景のなかから生み出された「知」が、企業経営にどのような影響を与えたのかを観察することで、新たな発見があるのではないかと考えたことが、もう一つの理由である。異文化融合から生まれた経営的な知が、強い競争力を持ちうる可能性がある。

このような理由から、沖縄を研究対象とした。我々の研究は小さな地域の研究を行うものである。しかし、我々が意識していることは、天体望遠鏡で宇宙をのぞき込むように、小さな窓から大きな世界をみることである。沖縄という地域の特殊な経営を説明するのではなく、世界中の企業経営にみられる共通部分を説明することを意識している。もっといえば、国境や時代、人種などを越えて普遍的にみられる人類の活動を説明したいと考えている。今回の研究はその始発地となる。

研究を進めるにあたり、まず、我々は東京商工リサーチ沖縄支店より、１９８６年から現在までのおよそ30年間に渡る沖縄企業の売上高と利益に関する上位１００社のランキング表を入手した。そのデータを活用して沖縄の主要企業を特定するとともに、それら企業に関する先行研究や資料を集め、歴史的な全体像を描くことを試みた。琉球処分（１８７２年）から現在に至るおよそ１５０年間にわたる沖縄企業の歴史の概観である。この歴史知識を基に、本書に収録されている各企業の事例研究を行った。

企業の個別研究を行うなかで、大きな問題となったのが資料へのアクセスであった。とりわけ東証一部上場企業が4社しかない沖縄では、資料収集が困難であった。そこでインタビューによる調査と社内資料の閲覧許可を得ることにした。

はじめに調査を行ったのが沖縄ホーメルであった。調査への協力を依頼した時、沖縄ホーメルの経営陣は戸惑われていた。沖縄ホーメルは沖縄を代表する企業であるが、バブル経済崩壊の影響を受け、経営再建の途上にあった。また、外資系企業であることから米国本社への許可を得る必要があるなど、手続きも複雑であった。しかし、我々の研究目的の一つが、沖縄が抱える経済的・社会的問題の克服にあることを説明すると、「当社の経験が地元のためになるのであれば、ぜひ協力したい」とのことで承諾していただけた。

沖縄ホーメルの経営史は、我々に豊富な知識を提供した。戦後復興から本土復帰、そしてバブル経済へと向かうなかで、沖縄企業が経験した成長・発展や苦悩の歴史の縮図であり、我々の研究に関する問題意識や研究方法に新たな視点を注ぎ込むものとなった。

我々はその後の事例研究を進めるなかで、研究の趣旨に関する説明と沖縄ホーメルに関する論文を同封し、調査への協力を依頼した。そうすると、少しでも地域の発展につながるのであればということと、沖縄ホーメルが協力された研究者であれば信頼できるということで、多くの企業から協力を得ることができた。人々の地域への思いが、本研究に託されていたのである。

さて、事例研究を蓄積するなかで、筆者らには一つの発見があった。持続的な競争優位を実現しているローカル企業は、ローカルの場にルーツをもつ知識を活用して自社の競争優位を構築しつつ、さらに新たな知識を探索しては次なる事業を生み出しているということである。冒頭で述べた筆者らの結論の部分である。ここでのローカルの場にルーツをもつ知識とは、地域に根ざした伝統や文化、歴史を内包した社会的・文化的な価値を持つものである。長期にわたり成功しているローカル企業は、これら資源がもつ社会的・文化的価値を経済的価値へ変換するとともに、さらに新たな価値を創造し、地域社会に還元していた。

このような企業活動をどのように理論的に説明するのか。ここで筆者らが着目したのが、ダイナミック能力に関する研究であった（クリステンセン　2000、オライリー&タッシュマン　2004、與那原　2015、2017）。企業内外に存在する経営資源の活用と探索、そして組織ルーチンの異なる2つの戦略的な行動の両立が、沖縄の成功ローカル企業の行動を説明しうると考えたのである。

今回の研究では経営史を専門とする歴史家と、経営戦略論を専門とする理論家が共同で研究を行うスタイルをとった。歴史家の視点から、現象の表層的な変化を追求するのではなく、変化しない普遍的な部分、本質の部分を追求した事例の蓄積を目指し、また調査・研究に関する過程の共有を通じて、理論家が一般化・理論化を担う分業的な研究とした。

さて、本書の出版に至るまでには、多くの人々の協力や支援があった。まず、沖縄社会が抱える問題の深刻さと経営学的な視点からの研究の重要性に気づかせてくれたのが、琉球大学名誉教授の上間隆則先生であった。先生は沖縄企業が抱える問題の克服をライフワークとし、研究者の立場から地域社会の発展に貢献されようとしていた。先生はお亡くなりになられる直前まで、心血を注ぎ研究を進めていた。我々は上間先生の研究への情熱や地元愛を受け継ぎ、今回の研究を行っている。

また、琉球大学名誉教授の伊禮恒孝先生も我々と同じ志を抱く研究者のひとりであった。残念ながら壮健に見えた先生は病床に伏すことになるが、常に温かく我々の研究を見守ってくれた。

兵庫県立大学名誉教授の中橋國藏先生は、組織能力とは何かを深く追究されており、その研究に対する視点や情熱は、我々の研究を進めるなかで大きな刺激となった。

同じく兵庫県立大学名誉教授の安室憲一先生は、大局から物事をみることのできる優れた研究者であり、我々もその意識をもつ重要性を学んだ。

また研究者としてのあるべき姿勢をご教示いただいた共著者（與那原）の大学院・学部時代の恩師である元神戸商科大学学長の後藤幸男先生、琉球大学名誉教授の豊岡隆先生、そして元大阪市立大学教授（現滋慶医療科学大学院大学教授）の狩俣正雄先生にも謝意を表さなくてはならない。このほか、共著者（山内）の恩師である神戸大学名誉教授の井上忠勝先生、前述の安室憲一先生、ハーバード大学ビジネス・スクール教授のジェフリー・ジョーンズ先生、我々の研究メンバーである名桜大学の大城美樹雄先生、福井大学の城間康文先生、元沖縄女子短期大学非常勤講師の上間創一郎先生をはじめ、諸先生方からもさまざまな助言や支援をいただいた。あまりにも多くの先生方のお世話になり、そのすべてのお名前をここで記すことができないが、この場を借りてお礼を申し上げたい。

また、本研究を進めるにあたっては、多くの企業経営者ならびに各機関・団体の関係者からも全面的な協力を得ることができた。今回の研究のために、資料や情報を惜しみなく提供してくださった株式会社沖縄ホーメル代表取締役社長・比嘉昌治氏、同社元代表取締役社長・桑江良一氏、同社元取締役副社長・宮平孝氏、拓南本社株式会社元代表取締役会長・故 古波津清昇氏、拓南製鐵株式会社代表取締役会長・古波津昇氏、株式会社サンエー元常務取締役・サンエー運輸社長・今中泰洋氏、株式会社サンエー総務部長・新崎恭正氏、沖縄ツーリスト株式会社CEO・東良和氏、同社執行役員・安部潤氏、株式会社御菓子御殿会長・澤岻カズ子氏など各企業関係者ならびに、沖縄県公文書館、沖縄県立図書館、那覇市歴史博物館、沖縄県産業振興公社、沖縄経済同友会、沖縄県経営者協会、おきぎん経済研究所、りゅうぎん総合研究所、東京商工リサーチ那覇支店など諸機関の関係者の方々にも、感謝申し上げたい。

出版に際しては、文眞堂の前野隆氏、前野弘太氏、前野眞司氏にも大変お世話になった。本書については以前から出版計画を立てていたものの、諸事情によりなかなか計画が進められずにいた。2019年10月31日に起きた首里城火災の後に、前野隆氏、前野弘太氏から出版のお声掛けをいただいたのは、精神的なシンボルを失い、傷ついた沖縄県民を励まそうとするお心遣いであったのだろう。温かいお気持ちに深く感謝申し上げたい。

最後に、我々が今回の研究に従事することができたのは、研究職に就くことを目指し、大学院へ進学することを認めてくれた両親や、それぞれの家族の支えがあってのことである。最愛の家族にこの場を借りて、感謝の言葉を述べたい。

２０２１年３月

琉球大学　與那原　建
専修大学　山内　昌斗

目次

初出一覧

本書の各章は、下記の論文を下敷きに加筆・修正した。

第1章　ダイナミック能力の形成と両利きのマネジメントの展開
與那原建（2015）「ダイナミック能力と両利きのマネジメント」『琉球大学經濟研究』（琉球大学）第89号、49～63頁

第2章　沖縄における企業経営の歴史的変遷――歴史の概観
山内昌斗（2021）「沖縄産業発展のあゆみ」1950倶楽部編『沖縄経済業界発展史』（光文堂コミュニケーションズ）51～114頁

第3章　グローバル企業のもつ経営資源の活用――食品加工・沖縄ホーメル
山内昌斗（2011）「ローカル企業の経営と多国籍企業　―沖縄ホーメルの成立・発展―」『経済

と社会』（沖縄経済学会）第27巻第1号、7～20頁

第4章　負の遺産の転換と地域振興——鉄鋼・拓南製鐵
山内昌斗（2014）「沖縄における製鋼業の生成・発展と経営哲学：拓南製鐵・古波津清昇の企業家活動」『経営哲学』（経営哲学学会）第11巻第1号、47～63頁

第5章　ローカル市場の深堀りと革新の精神——総合小売・サンエー
山内昌斗（2016）「沖縄における小売業の生成・発展：サンエーの事例を中心として」『広島経済大学経済研究論集』（広島経済大学）第39巻第3・4号、25～38頁

第6章　グローバル性を内包したローカルな地からの飛躍——観光・沖縄ツーリスト
山内昌斗（2017）「開かれたローカル企業：沖縄ツーリストにおけるグローバルビジネスモデルの構築」『広島経済大学創立五十周年記念論文集（上巻）』（広島経済大学）477～498頁

第7章　地域振興と企業の成長・発展——菓子製造販売・御菓子御殿
山内昌斗（2018）「ローカル企業の成長と地域振興：沖縄における御菓子御殿の事例を中心として」『広島経済大学経済研究論集』（広島経済大学）第41巻第2・3号、53～64頁

第8章　両利きの実現可能性にかかわる命題の検討――オライリー&タッシュマンのダイナミック能力論

与那原建（2017）「オライリー&タッシュマンのダイナミック能力論―両利きの実現可能性にかかわる命題の検討―」『琉球大学經濟研究』（琉球大学）第94号、51～60頁

第1章

ダイナミック能力の形成と両利きのマネジメントの展開

1　ダイナミック能力の形成

組織能力とは

ローカル企業が長期にわたり成長・発展し続けるためには、どのような経営展開が考えられるのだろうか。このシンプルでありながら深い問いに対し、経営学、特に経営戦略論ならびに経営史の視点から答えようとするのが本研究である。結論から言えば、ローカルの地にルーツをもつ知識の活用と探索が、ローカル企業の成長・発展に有効であると考えている。

まず、本書で企業をみる視点としての「組織能力」(organizational capability) について説明しておこう。組織能力とは、企業の競争優位の源泉となるような人的資源を含むいろいろな経営資源を、一つにまとめて協働させる組織の能力である（與那原 1998)。

クリステンセン（2000）によれば、組織能力は資源、プロセス、価値基準の3つから構成される。まず、資源とはヒト、モノ、カネ、情報など、企業経営にとって必要なさまざまな要素や能力のことである。一般的に経営資源と呼ばれる。

プロセスとは、資源を製品やサービスに変換するための、組織における相互作用や連携、コミュニケーション、意思決定などのパターンのことである。従業員が意識的に従うという意味で、明確に規

図表1－1　組織能力の3要素

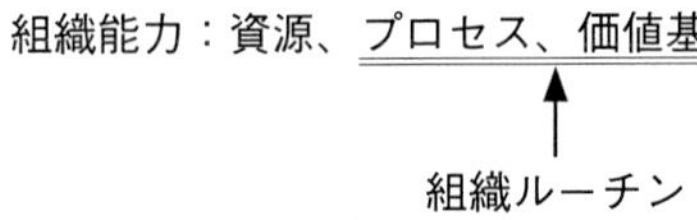

（出所）筆者作成。

定され、文書化された公式のプロセスもあれば、いつの間にかでき上がった慣習的な手順や仕事のやり方といった非公式のプロセスもある。

そして、価値基準とは、従業員が仕事の優先順位を決定する際に用いる判断基準を示すものである。それは、企業が収益を上げるために従業員が従わなければならないルールと言い換えてもよい。

このうち、プロセスと価値基準は、同じことを同じように繰り返すために存在するものであることから、「組織ルーチン」とも呼ばれる（図表1－1）。

この組織能力に関する説明を沖縄のローカル企業にあてはめると、次のようなものになる。ローカル企業は自社が活動拠点を置く地域を中心に、人材を採用する。人材には地元出身者のみならず、県外出身者や海外出身者など、さまざまな人々が含まれる。歴史的に、沖縄はグローバル・ネットワークを内包したローカルであることから、多文化共生的な社会が存在する（ヒト）。

ローカル企業は事業活動を行うために、地元や他地域または他国から、機械設備や原材料といった生産財を調達する。機械設備などは県外企業からの調達が中心になるが、県内メーカーも存在する。また原材料では、農作物や水産物、天然資源など、地元で調達可能なものがある。ただ、沖縄では市場規模が限られ、また県外からの原材料調達や出荷に輸送コストがかかることから、大量生産によって規模の経済を追求することが難しい場でもある。そのために沖縄経済において、製造業が占める割合は全国的にみて低い。ただ、リゾートホテルのような装置産業では、建物や施設などに大規模な投資が行われている（モノ）。

資金面においては、沖縄のローカル企業は自己資金のほかに、銀行や企業、家族や親戚・知人などからの借入れや出資により、資金を確保している。沖縄では地方銀行のほかに、県外から鹿児島銀行が支店を開設している。このほか政府系の沖縄振興開発金融公庫が大きな融資元となっている。複数の個人や法人がグループを組織し、一定の金銭を払い込み、それを必要に応じて順番に給付する模合（頼母子講・無尽講）による資金調達も、個人・企業間で行われている。株式市場での資金調達については、東証一部に沖縄電力、琉球銀行、沖縄銀行、サンエーの4社、ＪＡＳＤＡＱにＫＤＤＩの連結子会社である沖縄セルラー電話が上場しているのみである（カネ）。

経営活動のなかで、組織内の人々のなかに知識や技術、ノウハウが蓄積されている。「見えざる資源」とも呼ばれる情報的資源は、入手困難性や模倣困難性という属性から、競合企業との差別化につながる可能性がある。沖縄は歴史的にタテのつながりよりも、ヨコのつながりが強い社会だといわれている。情報の多様性に富む可能性を秘めている（情報）。

このように、経営資源が企業の経営活動において重要な要素となる。ただ、こうした経営資源を有するだけで、ビジネスの成功は保証されない。経営資源は組織能力を構成する一要素にすぎず、経営資源の各要素を組み合わせて、活用する能力があってはじめて価値を生み出すものとなる。そうした各種の経営資源を組織能力に転化するという役割を果たすのがプロセスや価値基準である。

　よって、経営資源は戦略的な意思決定の下で、組織内の公式ないしは非公式なプロセスを経て製品やサービスにデザインされることになる（プロセス）。企業ごとにプロセスに関する考えや仕組みに大きな違いがあり、それが経営成果の差として現れる。経営資源の獲得に制約があった沖縄のローカル企業には、限られた資源を創意工夫により活用する動きが歴史的にみられた。こうした経営プロセスについては、後ほど詳しくみていきたい。

　また、人間の営みである企業活動には、単なる利益追求だけでなく、それ以外の意味的価値が求められる（価値基準）。沖縄企業のなかには、「命《ぬち》どぅ宝《たから》」（生命尊重）、「ちむぐくる」（慈しみの心）、「ゆいまーる」（相互扶助）といった価値基準をもつ企業が少なからず存在する。それは企業ごとの経営哲学や企業理念のなかに明示的あるいは非明示的に反映されるが、それが組織の仕事に対する姿勢、社会貢献に対する考え方、利害関係者による支援・協力などにおける判断基準となる。経営において何を最も大事にするのかという考え方は、経営活動における経営資源の獲得・蓄積や、経営プロセスに関する意思決定にも重要な影響を及ぼす。

破壊的イノベーターの出現

　ところで、企業の活動は一度きりではなく、未来にわたって継続される。企業は顧客がこれまで評価してきた既存製品の性能を日々向上させるイノベーション（革新）を実現することでかれらの支持

図表1-2　破壊的イノベーションのモデルケース

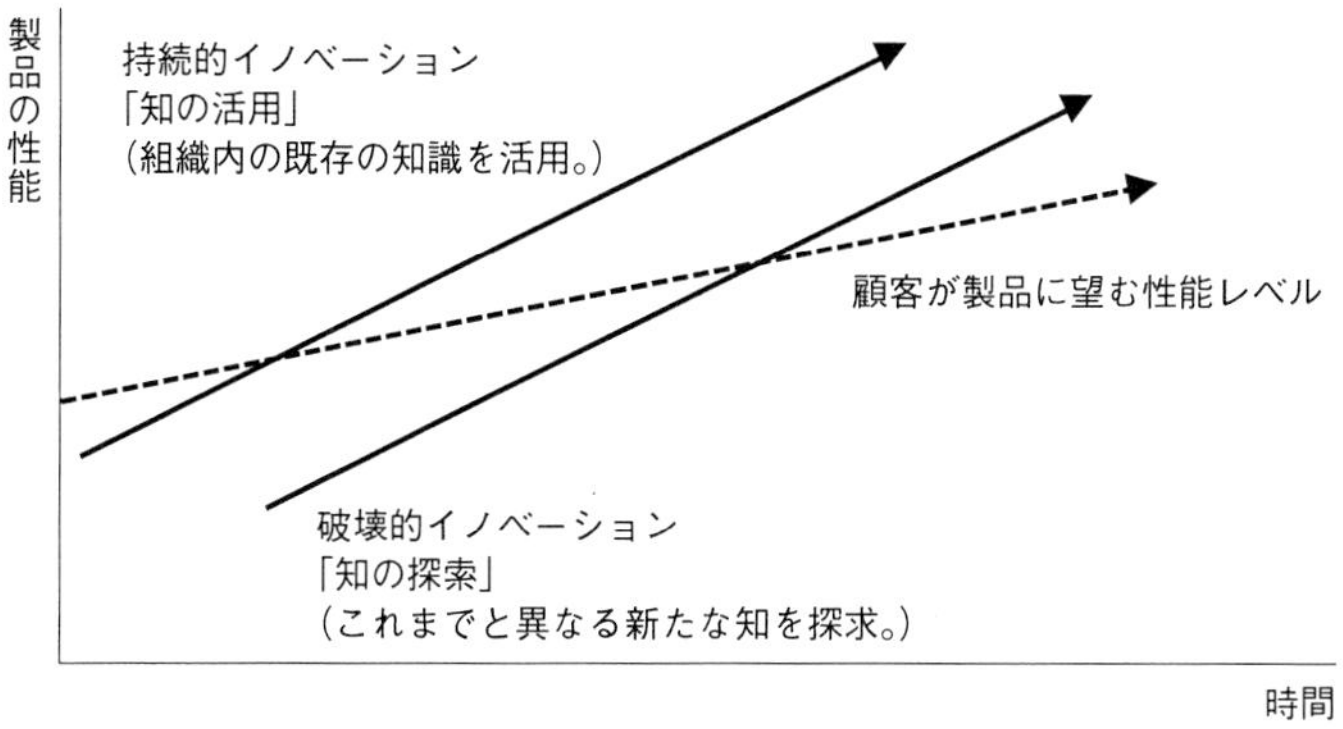

（出所）Christensen（2000）をもとに著者作成。

を得ようとする。それは「持続的イノベーション」（sustaining innovation）と呼ばれる。このの種のイノベーションはいわば組織の有する既存の知識を活用したものとみることができ、マーチ（March 1991）の言葉を使えば「知の活用」（exploitation）に当たる。

しかし、持続的イノベーションのみでは、競争優位を維持することはできない。なぜなら破壊的イノベーターが現れるからである。彼らは市場の主要顧客が求める指標では弱いが、それとは異なる指標について別の顧客層から高く評価される新製品・サービスを生み出してくる。すなわち「破壊的イノベーション」（disruptive innovation）を推進するのである。それは、これまでとは異なる新たな知識を探求してきた成果であり、「知の探索」（exploration）と言い換えることができる（図表1-2）。

破壊的イノベーターがこのようなイノベーションを推進してくると、やがて破壊的技術を利用した新製品・

サービスの性能が主要顧客にも注目されるようになり、また顧客がこれまで重視してきた性能指標についてのニーズも満たすようになる。その結果、持続的イノベーターは優位を持続できず、破壊的イノベーターに敗れ去ることになる。破壊的イノベーターはローカル市場の内のみならず、外からもやってくる。ナショナル企業やグローバル企業などである。それゆえに、ローカル企業が競争優位を持続するためには、組織の有する既存の知識を活用する持続的イノベーションだけでなく、破壊的イノベーションも実現しなくてはならない。

ところが、既存の組織能力では持続的イノベーションはできても、破壊的イノベーションは遂行できない。なぜなら、組織能力を構成するプロセスと価値基準、つまり「組織ルーチン」が持続的イノベーションに求められるものと、破壊的イノベーションに求められるものでは異なるからである。

そのため、持続的イノベーションと破壊的イノベーションを同時的に実現することを可能にする新たな組織能力の創出が不可欠となる。すなわち、ダイナミック能力である（中橋 ２００８）。ダイナミック能力は、ダイナミックな環境変化の中で、組織能力を創出し続ける能力といえる。

2　両利きのマネジメント

隔離論：クリステンセンのイノベーターのジレンマ論

では、いかにすれば持続的イノベーションと破壊的イノベーションを同時に実現することができるのだろうか。代表的な意見は2つある。一つは、持続的イノベーションを既存の事業部門で行い、破壊的イノベーションについては、独立した別組織をつくり、そこに任せるべきだとする隔離論である（Christensen 2000）。

もう一つは、隔離することなく、既存組織のままで破壊的イノベーションを追求する知の探索部門と持続的イノベーションを志向する知の活用部門の違いを認めつつ、両部門が協力し合えるように組織の上層部で融合を図る「分化」(differentiation) と「統合」(integration) を重視した「両利き」(ambidexterity) と呼ばれるもの（O'Reilly and Tushman 2004, Tushman, et al. 2011）であり、それは分化・統合論といってよい。

このうち隔離論を提唱するのがクリステンセン（２０００）のイノベーターのジレンマ論である。それによると、「顧客の声に耳を傾け、彼らの要求に応えるようにイノベーションを実行し続ける企業（イノベーター）はそれが災いして、やがて破壊的イノベーターに敗れ、その地位を失ってしまう」という（與那原 2010）。

短期的にみると、既存のイノベーターが市場の主要顧客を対象に持続的イノベーションを追求して成功し、新規参入企業が破壊的イノベーションにより新市場と新顧客層を開拓して成長を実現するという棲み分けが成り立つ（図表1‐2）。ところが、持続的イノベーションの成果は、ある段階で主要顧客にアピールしなくなる。そのため、顧客はそれ以降においてこれまでとは異なったニーズに目を向けはじめ、破壊的イノベーションに関心を持つようになる。また破壊的イノベーションの推進により、破壊的技術に基づく新製品・サービスの性能が向上し、これまで主要顧客が重視してきたニーズも満たすようになる。その結果、破壊的イノベーションの価値が市場で広く認められるようになり、持続的イノベーションによって生まれた製品・サービスの価値が消失してしまう。

既存のイノベーターが破壊的イノベーションに対応できないのは、持続的イノベーションを実現するのに有効な組織能力を構築しているものの、それは破壊的イノベーションに求められる組織能力とはまったく違ったものだからである。

既存のイノベーターが持続的イノベーションに成功するのは、学習を通じて、持続的イノベーションに必要とされる組織プロセスを開発し、それによって資源を組織能力に転化しているからにほかならない。また、主要顧客に優れた製品を販売すれば利益率が向上するため、持続的イノベーションへの投資は、彼らの価値基準にも合致することになる。

一方で、破壊的イノベーションに対処するプロセスを既存のイノベーターは持っていない。さらに、破壊的イノベーションによって生まれた製品は当初利益率が低く、主要顧客には支持されないため、彼らの価値基準にも合わない。このように、既存のイノベーターの組織的プロセスと価値基準が、破壊的イノベーションの妨げになる。よって、既存の組織能力は持続的イノベーションには有効だが、破壊的イノベーションには硬直性を露呈し、有効性を失うというのがクリステンセンの結論である（Christensen 2000、中橋 2007）。

しかし、既存のイノベーターがすべてジレンマに陥り、破壊的イノベーションを実行できないというわけではない。組織能力が、資源－プロセス－価値基準から構成されていると捉えていることは既に述べた。このうち、プロセスと価値基準は、同じことを同じように繰り返すために存在するものであり、柔軟性がないことから、これらの変更は現実的ではない。ただし、資源はそうではない。資源には柔軟性があり、さまざまな状況で利用できることから、その点に着目すれば既存のイノベーターであっても、破壊的イノベーションの実現は可能だというのがクリステンセンの主張のポイントとなる。

具体的には、事業部門を新設し、これを既存の組織プロセスや価値基準の影響を受けないよう、現在の組織から隔離したうえで、破壊的イノベーションを追求させれば、ダイナミック能力を実現できるというのが彼のアイデアである。それは、新設した事業開発部門の隔離による破壊的イノベーションの実現ということであり、隔離論と整理することができる。

既存のイノベーターの価値基準が、破壊的イノベーションに資源を振り向けることへの妨げになる場合、既に述べたように価値基準そのものを変えることはきわめて困難である。そのため、新設した事業部門を既存のイノベーターの組織から切り離すことがどうしても必要になるというのが、クリステンセンの主張のベースとなっている。

同時に、組織能力の要素の相対的重要度が事業の発展段階によって変化することも、クリステンセンの隔離論のもう一つの根拠となっている。すなわち、新規事業に着手したばかりの段階では、資源（とくに人材）に依存する部分が大きく、その後、組織能力の中心はプロセスや価値基準へと移っていく。したがって、破壊的イノベーションを追求する部門を既存組織のプロセスや価値基準から隔離して、有能な人材にそれを任せるならば、既存のイノベーターであってもダイナミック能力の実現に成功する可能性があるとみるのである（Christensen 2000、中橋 ２００７）。

この隔離論については、批判的な意見も提示されている。まず一つに、それだと既存組織の資源を十分に活用できないのではないかという指摘である。既存の組織から隔離して事業部門を新設することは、逆に言えば既存の組織のもつ有形・無形の資源を活用できないことにつながりかねない。隔離論にしたがえば、既存の組織からのマイナスの影響を避けようとするあまり、既存の組織部門と新設した組織部門の間のシナジーが失われるかもしれない（堀江 ２００７）。

もう一つが、破壊的イノベーションを自由に追求させることによって生まれる弊害について、十分考えられていないという批判である。既存組織から隔離して、破壊的な新製品・サービスの開発を目指そうとすると、自律性と創造性を重視しすぎるあまり、逆に実用性に乏しく、成果につながらないアイデアが無作為に量産されるという危険がどうしてもつきまとう。それにもかかわらず、隔離論ではこの点があまり議論されていない。以上の批判をふまえると、クリステンセンが主張する「隔離する」という打ち手は、広く用いられる一方で、万能の策ではないといえるかもしれない（琴坂　2014）。

分化・統合論：オライリー&タッシュマンの両利き組織論

隔離論の批判に応えるべく登場したのがオライリー&タッシュマン（2004）の両利き組織論と、タッシュマンたち（2011）の両利きリーダーシップ論である。彼らも、破壊的イノベーションを追求する組織単位が、既存の組織とは一線を画さなくてはならないとみている。

一方で、彼らは破壊的イノベーションにつながる組織ルーチンの独自性だけでなく、組織の上層部での統合という役割に注目する。この分化と統合を同時に実行することで、既存組織内で持続的イノベーションのみならず、破壊的イノベーションも同時に実現できると考えている。すなわち両利きのマネジメントであり、分化と統合を通じて、知の活用と探索が両立できるとみている。

オライリー&タッシュマン（2004）によると、成功企業は既存製品・サービスを改良していく「漸進的イノベーション」（incremental innovation：クリステンセンのいう持続的イノベーション）を得意としているものの、これまでのものと全く異なるような画期的な製品・サービスの開発である「非連続的イノベーション」（discontinuous innovation：クリステンセンのいう破壊的イノベーション）に取り組むと、つまずくことが多いという。それは破壊的イノベーションの実現に適した組織を構築できていないからである。

では、新たな知の探索のためには、どのような組織がふさわしいのだろうか。彼らはこの問題を解明すべく、破壊的イノベーションに取り組んだ事業部門を対象に、いかなる組織を採用したかについて調査した。すると、調査対象になった35の事業部門は４つのタイプの組織に分類することができた（図表１－３）。

まず、７つの事業部門は「職能別組織」（functional designs）のもとで、破壊的イノベーション・プロジェクトに取り組んでいた。同プロジェクトは既存の組織体制と従来の指揮命令系統に完全に組み込まれていた。

次に、９つの事業部門は「職能横断型チーム」（cross-functional teams）を編成していた。チームは既存の組織の中で活動していたが、これまでの指揮命令系統の外に置かれていた。

また、４つの事業部門は「独立チーム」（unsupported teams）というタイプの組織を採用していた。そこでは従来の組織階層と指揮命令系統から完全に独立した部門が設置されていた。クリステンセンの隔離論は組織タイプとして、この独立チームとみることができる。

そして15の事業部門は、オライリー＆タッシュマンがその有効性を強調する「両利き組織」（ambidextrous organizations）によって、破壊的プロジェクトを追求していた。この組織の最大の特徴は、破壊的イノベーションに向けた取り組みが、組織上独立したかたちで部門化されており、持続

図表１－３　破壊的イノベーションを実現するための組織編成

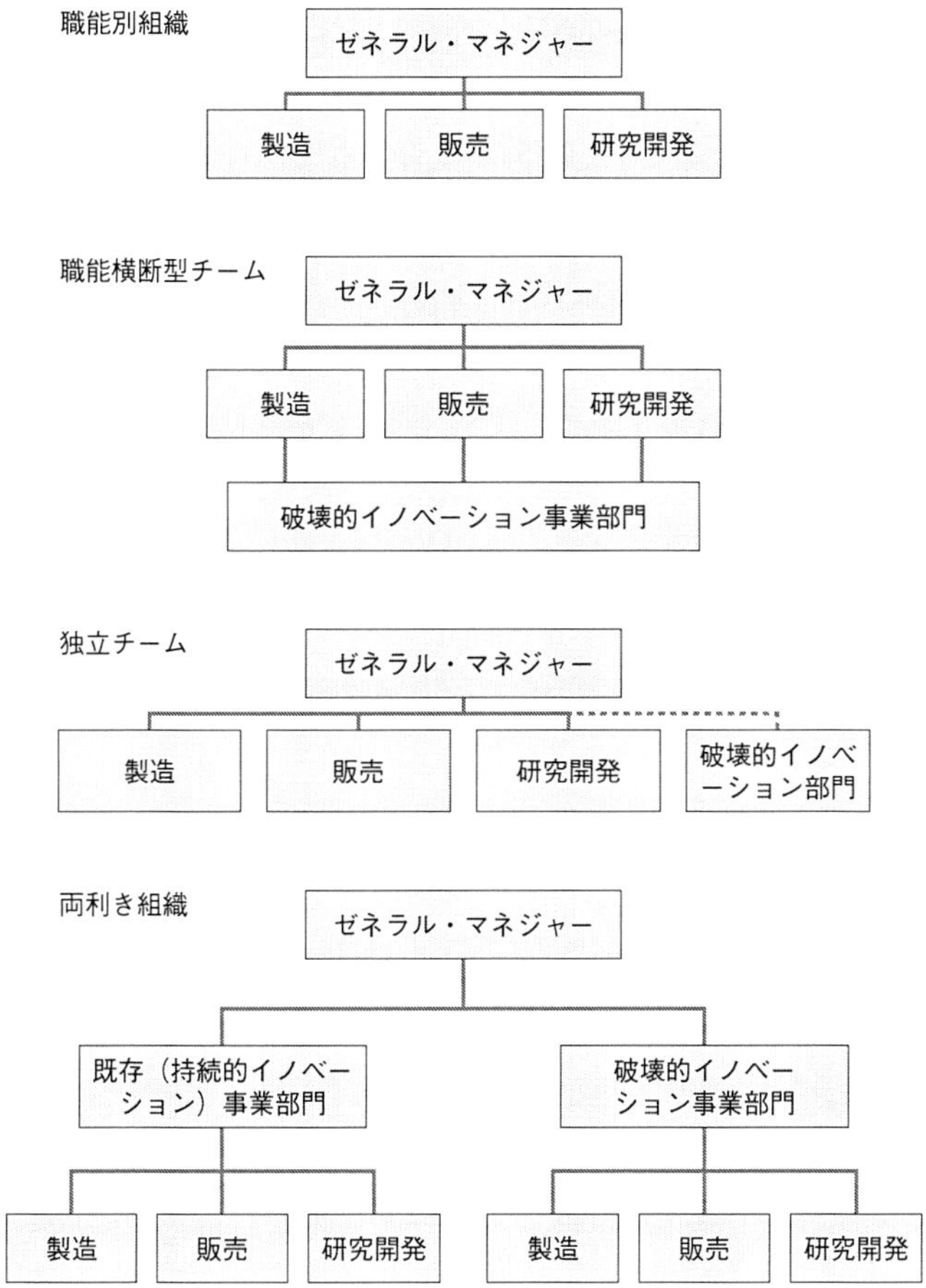

（出所）O' Reilly and Tushman（2004）pp.78-79 に加筆。

的イノベーション部門と破壊的イノベーション部門がそれぞれ独自の管理プロセス、組織構造、カルチャー（文化）をもちながらも、経営の上層部でしっかりと統合されていたことにあった。ちなみに、この「両利き」というネーミングは、右手も左手も利き腕であるかのように上手に使えるところからきている（入山 ２０１３ａ）。このタイプの組織が両利きと呼ばれるのは、既存の知識の活用と新たな知識の探索を両立させ、持続的イノベーションと破壊的イノベーションを同時に実現できるためである。

オライリー＆タッシュマンは、リサーチの結果、両利き組織が他の３タイプの組織に比べ、大きな成功を収めていたことを明らかにした。具体的に言えば、職能横断型チームと独立チームでは破壊的イノベーションを全く生み出すことができず、職能別組織にわずかな成功例がみられるだけであった。これが両利き組織の場合、９割以上が破壊的プロジェクトに成功していた。

この結果をもとに、両利き組織の有効性をいっそう説得力のあるものにしようと、オライリー＆タッシュマンは次のようなリサーチも実施している。それは破壊的プロジェクトの途中で組織を変更した場合の成果についての調査である。それによると、当初は職能別組織、職能横断型チーム、独立チームで破壊的イノベーションに取り組んだが、その後で両利き組織にシフトした８社のうち、７社でプロジェクトのパフォーマンスが大幅に上昇したという。反対に、両利き組織でスタートしながら、後で別の組織に変更した３社中２社のパフォーマンスは著しく低下したそうだ。これらは、両利き組織の有効性を裏づける結果となっている。

また、オライリー&タッシュマンは、両利き組織の採用が持続的イノベーションを追求する既存の事業部門に与えた影響についてのリサーチも実施している。すると、両利き組織を採用したほぼすべてのケースで、既存事業は一定の成果をあげており、競合企業と比べたパフォーマンスは上昇か安定のいずれかであったという。対照的に、職能別組織、職能横断型チーム、独立チームを採用した場合の既存事業の成果は低下したところがほとんどであった。

両利き組織はなぜ他のタイプの組織よりも成果をあげることができたのだろうか。オライリー&タッシュマンはその理由を以下の2つに整理している。まず第1に、両利き組織では、持続的イノベーションを追求する既存部門と、破壊的イノベーションに取り組む事業部門が分離されていることから、新設の事業部門が既存部門からのマイナスの影響を回避できる。つまり、新設部門は独自の管理プロセスや組織、文化を構築することができ、既存事業部門の前例主義という圧力に屈することはない。同時に既存部門も破壊的プロジェクトにも取り組まなければならないというプレッシャーから解放され、注意とエネルギーのすべてを持続的イノベーションに集中することができる。

そしてより重要なのは、既存事業部門と新設事業部門が経営の上層部で統合されることである。そうした調整により、破壊的イノベーションを目指す新設事業部門は資金、人材、専門知識などの資源を、既存の事業部門と共有することができる。また上層部は、各部門が暴走しないようコントロールすることができる。それぞれの事業部門に任せっきりにせず、必要に応じて介入することができる。

これは先に指摘した既存組織のもつ資源活用の難しさ、さらには成果につながらないアイデアの量産という隔離論のもつ問題の克服につながるものといえる。両利き組織の構築により、両部門はwin-win の関係になる。

両利き組織の構築に向けて

オライリー＆タッシュマンは両利き組織の構築により破壊的イノベーションに成功した事例を分析し、そこから導かれる教訓を次のようにまとめている。

まず第1の教訓は、両利きのリーダーシップが両利き組織には欠かせないということである。持続的イノベーションと破壊的イノベーションを目指す部門では、事業を成功に導く条件が全く異なるため、それぞれのニーズの違いを把握するとともに、それに俊敏に対応できるリーダーが必要になる。オライリー＆タッシュマンに従えば、「一貫して矛盾に取り組む」(consistently inconsistent) リーダーが不可欠なのである。

第2の教訓は、両利きを容認しない経営陣の抵抗に屈しないということである。そのためには、両利きになることに抵抗する経営幹部の解雇というドラスティックな対応もやむなしと彼らはいう。実際、両利き組織の構築に成功した企業のリーダーは、知の探索部門を支援するという決定に抵抗した知の活用事業の担当役員に、会社を去るよう求めた。それぐらいでなければ、変化に抵抗するという組織の慣性を打破できないのであろう。

第3の教訓は、リーダーによる明確で説得力のあるビジョンの提示が両利き組織の構築をスムーズにするということである。それにより、全社的なゴールが知の活用を通じた既存事業の深耕（持続的イノベーション）と、新たな知の探索による新規事業の開発（破壊的イノベーション）の両立にあることを、組織メンバーが共有するからである。こうした指摘は、セルズニック（Selznick 1957）の議論と軌を一にしている。彼は、ビジョンをベースにした価値注入によって、組織を社会的な有機体に変えることこそが、組織のリーダーの本質的な役割であり、それが制度的リーダーシップだと説いた。その意味で、両利きのリーダーシップとは、セルズニックのいう制度的リーダーシップに相通ずるものがあると捉えることができる。

最後に、両利きを機能させるためには、そのための仕組みを構築しなければならないというのも重要なポイントである。具体的にいうと、新しいインセンティブ・システムや人事制度の導入である。

以上が、オライリー&タッシュマンの両利き組織論の概要である。実は彼らも認めているように、この議論のベースになっているのはローレンス&ローシュ（Lawrence and Lorsch 1967）の分化・統合論である。彼らは、不確実な環境に有効に適応している組織は、部門ごとにそれぞれのタスクに適した構造や思考様式を生み出す（分化）と同時に、その分化の程度に対応した高度な統合メカニズムを生み出していることを発見している（與那原 2007）。その意味で、破壊的イノベーションを目指す新規事業部門には「知の探索」を、持続的イノベーションを追求する既存事業部門には「知の活用」をそれぞれ好きなようにやらせて（分化）、両部門が互いに知見や資源を活用し合えるように組織のトップレベル（経営の上層部）で統合を図ることが重要であるというアイデアは、分化・統合論として位置づけることができる。

3　両利きのリーダーの役割

両利きのリーダーシップのあり方

オライリー&タッシュマンの議論を整理する意味で、持続的イノベーションの実現を目指す事業部門と、破壊的イノベーションを実現しようとする新設部門に要請される戦略、組織、プロセスを比較しておこう。

図表１－４で示されているように、オライリー&タッシュマンは、ビジョンと価値観の共有化や評価の仕組みを通じた統合によって、知の活用部門と知の探索部門の相反する要求を両立させることが、両利きのリーダーシップであるとみている。彼らのアイデアをさらに詳しく整理したのがタッシュマンたち（Tusman, et al. 2011）である。両利きのリーダーは、持続的イノベーションを追求する既存事業部門と破壊的イノベーションを目指す新規事業部門の間の緊張関係を巧みにコントロールしており、こうした問題をミドルに委ねることは決してないというのが、彼らの基本的主張である。

タッシュマンたちは、大手企業12社の経営陣を対象とした事例研究を通して、経営陣が知の探索

図表1-4　知の活用事業と知の探索事業の比較と両利きのリーダーシップ

	知の活用事業	知の探索事業
戦略意図	コスト、利益	革新、成長
重要課題	オペレーション、効率、持続的イノベーション	適応能力、新製品、破壊的イノベーション
行動特性	オペレーション能力	企業家的能力
組織構造	フォーマル、機械的	適応的、緩やか（ルース）
統制、報酬	マージン、生産性	マイルストーン、成長
文化（カルチャー）	効率、低リスク、クオリティ、顧客ニーズの重視	リスクを恐れない、スピード、柔軟性、実験の重視
リーダーシップの役割	権威型、トップダウン型	ビジョナリー、参加型

両利きのリーダーシップ

ビジョンと価値観の共有化、評価の工夫による統合を通じて、2つの事業の相反する適合条件が両立できるようになる。

（出所）O'Reilly and Tushman (2004) p.80を一部修正。

部門と活用部門の緊張関係を受け入れ、組織のトップ・レベルで両部門を巧みに統合できてはじめて、企業の繁栄が約束されると主張している。彼らは、これを「両利きでリードすること」(leading ambidextrously) と呼んでおり、リーダーのそうした役割こそが「両利きのリーダーシップ」である。タッシュマンたちが整理した両利きのリーダーシップの3つの原則は、①将来を見据えた「戦略目標」(strategic aspiration) に基づいて経営陣が動くこと、②知の探索部門と知の活用部門の全く異なる要請を、組織のトップ・レベルでしっかり調整すること、③探索部門と活用部門の相反する戦略的課題 (strategic agendas) を、併存させるという矛盾を受け入れることである。以下、この３つの原則について個別にみていこう。

原則1　包括的なアイデンティティー（自社の生存領域）の開発

タッシュマンたちは、原則1でアイデンティティーという言葉を使っている。このコンセプトについて、レビットの「近視眼的マーケティング」（Marketing Myopia）に関する論文を引用していることからもわかるように、それが企業の生存領域、すなわち企業ドメインを意味していることは明らかである。レビットの論文では、アメリカの鉄道会社が衰退したのは、自分たちのドメインを「鉄道」と近視眼的に定義したことで、自動車と旅客機の台頭に屈してしまったからだという。すなわち、鉄道というドメインはあまりにも狭すぎるのであり、ドメインの定義にあたっては、物理的定義ではなく、もっと広範な「輸送」という機能的定義をとらなくてはならない（Levitt 1960）。それがレビットの主張のポイントであるが、このアイデアは両利きのリーダーシップの一つの役割に通ずるものとタッシュマンたちは考えている。

すなわち、包括的なドメイン設定ができれば、事業部門の相反するイノベーションの取り組みのマネジメントが可能になる。これは企業全体を一つの組織とする一体感をつくるというドメイン設定の効果と関係している。知の活用部門と探索部門が互いに何の関係もない別々の組織で働いているかのごとき分裂感をもたないためにも、「自分たちがやっている事業を貫く一つのアイデンティティーがある」という感覚が必要になる（伊丹・加護野　２００３）。そうした包括的なドメインにより、知の活用部門と探索部門に一体感が生まれ、相互の協力も可能になる。両利きのリーダーには、まずそのような役割が期待されることになる。

原則2　トップ・レベルでの緊張関係の調整

原則2に関わるタッシュマンたちの問題意識は、破壊的イノベーションを担う事業単位が既存の事業部門の中に組み込まれてしまうため、そうした知の探索部門へ資金などの資源支援が行われず、またそれを経営陣に知られないようにしているところが多いというものである。諸悪の根源は、知の探索部門と活用部門の間に生まれるコンフリクトの解決を、現場に押しつける経営陣にあると彼らはみている。そうなると、スタートしたての探索部門は既存の事業部門から協力が得られず、まさに餓死してしまう。既に述べたように、持続的イノベーションだけで競争優位を維持することはできない。どうしても破壊的イノベーションがいずれ必要となる。現在と未来の両方を考え、持続的な競争優位を実現していくためにも、組織のトップ・レベルで両部門の緊張関係の調整が行われなくてはならない。

タッシュマンたちは、このトップ・レベルで緊張関係を調整するという第2の原則を実行に移すために、次の2つのアプローチが有効だと考えている（図表1－5）。

第1のアプローチがハブ・アンド・スポーク・チームモデル（hub and spoke team）である。このモデルにおけるCEO（最高経営責任者）は、事業部門のリーダーたちに取り囲まれるように車輪

図表１－５　トップ・レベルで緊張関係を調整するための２つのアプローチ

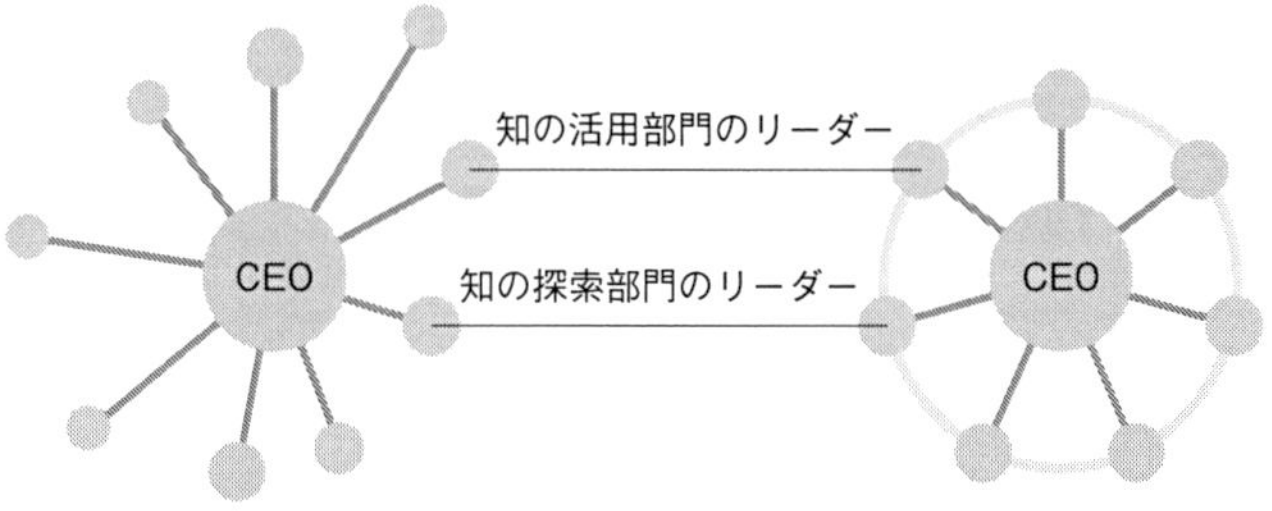

（出所）Tushman, Smith, and Binns (2011) p.79 を一部修正。

の中心部分（ハブ）に位置している。事業部門リーダーはそれぞれＣＥＯとのみコミュニケーションをとることになるが、お互い同士は協議をしない。ＣＥＯが車輪のスポーク（真ん中と周りの車輪を繋げる部分）のそれぞれを別個にマネジメントするため、各事業部門はＣＥＯの権限に大きく依存することになる。

この方式では、基本的にＣＥＯが破壊的イノベーションの統括責任を負うため、既存の事業部門のリーダーは持続的イノベーションに集中することができる。また、知の探索部門のリーダーを、既存事業部門の圧力から守ることも可能となる。ただ、知の探索の統括はＣＥＯのみが責任を負うのではなく、ＣＯＯ（最高執行責任者）と共有されねばならないとタッシュマンたちは注意を促している。実際、ハブ・アンド・スポーク・チームの場合、ＣＥＯとＣＯＯ合わせて2、３人でマネジメントされることが多いという。そうすることで、活用部門と探索部門それぞれのリーダーたちと、より深い情報交換ができ、活用と探索の両立がスムーズにいくとみている。事業部門のリーダーたちを互いに接触させることなく、持続的イノベーション戦略と破壊的イノベーション戦略の緊張関係の調整を、経営トップのオフィスで行うことが、このハブ・アンド・スポーク・チームモデルの重要なポイントである。

ハブ・アンド・スポーク・チームと好対照なのが、第2のアプローチをなすリング・チームモデル(ring-team model)である。このモデルでは、事業部門のリーダーたちがCEOのもとに招集され、資源の配分および知の活用と探索のトレードオフの調整を、チームの中で組織的に行う。

リングチームのメンバーはクリティカルな問題を議論する際、必ず他者と異なる意見を述べるよう求められている。納得行くまで粘り強く議論し、解決策をひねり出していく。チームが目指すのは、妥協案に到達することではなく、自社の現在の課題と未来に向けての課題、その両方を前進させるべストの方法を、チームのメンバー全員で見つけ出すことにほかならない。知の探索部門に強い発言権を与えたり、時間と資源の請求権を与えたりするのは、経営者にとって大きなストレスになるかもしれない。しかし、時には経営者はこのストレスに耐えぬき、組織を動かす必要がある。

原則3　矛盾の受け入れ

破壊的イノベーションを追求する新規事業部門を、既存の事業部門と同じ成果基準で評価しようとすれば、実績の違いから、知の探索部門はどうしても不利な立場に置かれることになる。しかし、破壊的イノベーションに成功した企業の経営者はそうした問題をきちんと認識しており、活用部門と探索部門にそれぞれ別の基準を設けている。そうすることで、我々にとって何が重要かという視点に立った事業運営が可能となる。

知の活用部門と探索部門の両方をサポートするには、両部門の相反する二重の課題に対応しなければならない。そのため、リーダーにはそうした矛盾を受け入れることが求められる。その結果、リーダーの行動や追求する戦略が一貫性を欠いているように見えるかもしれない。でもそれで構わない。逆にリーダーシップや戦略が一貫しすぎているというのは、自社にアイデアが尽きてしまっているか、持続的イノベーションと破壊的イノベーションを両立させるという、経営者が担わなくてはならない重要な役割を組織の下層部に押しつけてしまっていることを示す危険な兆候なのだと、タッシュマンたちは警告している。

資源が有限であることを前提とすれば、知の探索部門と活用部門の双方に、必要な資源をすべて与えることはできないということに注意すべきである。それゆえ、両利きの経営者は事業部門のニーズの変化に合わせて、部門間で資源移転を図っている。既存の事業部門に重点的に投資を行うこともあれば、破壊的イノベーション部門への資金提供を保証することもある。また最も必要とされるところに、最も成果をあげることのできる人間を確実に配置できるよう、人材を部門間で柔軟に異動させることにも留意している。このように、知の活用部門と探索部門の間に生まれる矛盾を受け入れ、それにうまく対処することも、両利きのリーダーシップの要件の一つとみることができる。

この3原則を整理すると、両利きのマネジメントを行う経営者には、①「知の探索」部門と「知の活用」部門が互いに協力し合えるような、言い換えれば、組織としての一体感を生み出せるような企業ドメインを規定すること、②ハブ・アンド・スポーク・チームモデルとリング・チームモデル、いずれのアプローチをとるにせよ「知の探索」部門と「知の活用」部門の間に生まれるコンフリクトを、経営者自身が責任をもって解消すること、③「知の探索」部門と「知の活用」部門の間の矛盾を受け入れ、それぞれの部門ごとに異なるルール・評価基準を設定すること、が求められよう。両利きのリーダーシップとはこれらを実践することにほかならない。それがタッシュマンたちの結論であり、そこでもやはり分化と統合の同時追求というアイデアが重視されている。

以上のように、企業は既存の知識を活用した持続的イノベーションだけでは、競争優位を維持することができない。これまでとは異なる新たな知識を探求した破壊的イノベーターが現れた時に、競争のルールが大きく変わるためである。破壊的イノベーションの出現は地域社会にとっては、既存の社会的ルールを破壊する厄介な存在であるかもしれない。しかし長期的にみれば、地域や社会の成長・発展の大きな役割を担う現象でもある。したがって、ローカル企業についても、競争優位を維持しようとするならば、持続的イノベーションの追求（既存の知の活用）とともに、破壊的イノベーション（新たな知の探索）も同時に実現しなければならないと我々は考えている。

再三述べてきたように、破壊的イノベーションにあたって、それを同一組織内で行おうとすれば、既存の組織プロセスと価値基準が妨げとなってしまう。そこで、知の探索を志向し、破壊的イノベーションを追求する事業部門を新設し、それを既存の組織から分離すればダイナミック能力の実現が可能になるというのが隔離論であった。しかし、この場合、既存の資源を活用できず、創造性を追求するあまり、実用性に乏しいアイデアが量産される危険を常にはらむことになる。

そこで、既存組織内でダイナミック能力を実現できないかという観点で登場したのが、両利きのマネジメント論であった。それは、新たな知の探索を目指す事業部門には、破壊的イノベーションの追求に適した組織構造や組織ルーチンが生み出されるよう独立性を確保（分化）しつつ、当該部門が既存の事業部門と互いに知見や資源を活用し合えるように融合を図ること（統合）が重要であるという主張にほかならない（入山　２０１３ｂ）。

両利きのマネジメントについての議論はまだ緒についたばかりであるが、このアイデアは有望と考えられる。両利き組織を構築し、それを両利きのリーダーシップでマネジメントすることができれば、破壊的イノベーション（新たな知の探索）を実行できるばかりか、持続的イノベーション（既存の知の活用）も可能になるというアイデアは極めて魅力的である。

このような経営学的フレームワークを念頭に置きながら、本書の第2章ではまず沖縄企業の成長・発展に関わる歴史的全体像を確認する。そして、第3章以降でさらに詳しく5つの事例をみていく。最後に第8章で検証を行い、最終的なまとめとする。

第2章

沖縄における企業経営の歴史的変遷

——歴史の概観

1　沖縄企業の歩み

歴史を読み解く

この章では、沖縄における企業経営の歴史の全体像を概観する。広大な海に浮かぶ島・沖縄は、古くから大国との関わりのなかで多様な歴史的変遷を遂げてきた。琉球国時代の「唐の世《とうぬゆー》」（1429〜1879年）、廃琉置県以降の「大和の世《やまとぅぬゆー》」（1879〜1945年）、沖縄戦以降の「アメリカ世《ゆー》」（1945〜1972年）、そして本土復帰後の現在（1972年〜）である。沖縄は多様な時代の変化を経験し、それにともない政治・経済・社会・文化的な環境が大きく変化した。

このような環境の変化は、人々の運命を大きく左右した。企業の経営者たちは環境変化をそれぞれの立場から認識し、意思決定を下した。企業活動は、人々の生活のための手段であっただけではなく、地域社会の成長や発展に大きな影響を与えた。

では、企業のリーダーたちは目まぐるしく変わる環境の変化をどのように認識し、意思決定を下したのであろうか。経営活動のプロセスと結果は、地域社会にどのような影響を与えたのだろうか。さらに、その活動の歴史は、現在の我々にどのような教訓や知的財産を残してくれたのであろうか。経営者にとって本質的に重要なこととは何だったのだろうか。こうした問題意識のもと、沖縄企業の生成・成長・発展あるいは衰退の歴史を辿ることにする。

琉球処分と沖縄県の誕生

1879（明治12）年3月27日、明治政府は琉球国（藩[1]）に対し、同年3月31日をもって首里城を明け渡すこと、ならびに廃琉置県を断行することを通告した。通告にしたがい、国王（藩王）・尚泰《しょうたい》は首里城から退いた。約450年続いた琉球国が消滅し、沖縄県が設置された。「唐の世」に終わりを告げ、「大和の世」の幕が開けた（太田 1932）。

後年、画家で作家の山里永吉は、琉球国の最期を史劇「首里城明渡し」として創作した。同脚本に基づき沖縄戦後に公演された芝居のなかで、尚泰を演じた役者が、東京へと向かう船を見送りに来た臣下に対し「戦世《いくさゆ》ん済《し》まち　弥勒世《みろくゆ》んやがてぃ　嘆《なじ》くなよ臣下　命《ぬち》どぅ宝」（戦乱の世が終わり、やがて平和な時代がやってくる。臣下の者たちよ、嘆かないでくれ。何をおいても命が大事だ）という言葉を台詞に付け加えた。「命どぅ宝」という言葉は、琉球の時代に幕を閉じ、さらに沖縄戦という苛酷な戦場を生き残った人々の心に強く響いた。「命どぅ宝」は、ウチナーンチュ（沖縄人）の価値観・世界観を現す言葉として、後世にまで語り継がれていくことになる（仲程 2008）。

さて、上京を命じられた尚泰は、明治政府から東京府麹町区富士見町に邸宅を与えられた。明治政府は旧国王に対して敬意を払った。尚泰には貴族の一員として侯爵の位が授けられた。さらに尚家《しょうけ》には20万円（現在の価値でおよそ10億円）の特別利付金禄公債証書が与えられたほか、その公債の利息として毎年2万円（現在の価値でおよそ1億円）の金禄が与えられた。これは40万石の大名に匹敵する経済保証であった。薩摩藩が1727（享保12）年に行った検知で、琉球諸島の石高は9万4230石とされたことから、40万石という待遇は手厚い保証であったことがわかる。そのほか、尚家には中城御殿《なかぐすくうどぅん》などの邸宅・敷地や別荘、寺社などの私有財産が残された（Kerr 1958、秋山 2005、梅木 2013）。

明治政府は家禄持ちの有禄士族360名余りに対しても、神寺禄と合わせて年額15万円余りの金禄を支給した。有禄士族のなかで多いものは年額2千円余り（現在の価値でおよそ1千万円）、少ないものでも200円程（現在の価値でおよそ百万円）が支給された。旧王家や有禄士族たちの暮らしは、琉球国時代よりも恵まれたものとなった（赤嶺 2003）。

しかし、臣下のうち有禄士族は全体のおよそ5％程度に過ぎず、残りの95％にあたる7千戸余りは無禄士族であった。無禄士族とは、無給で王府に仕え、役職の空きを待つものであった。無禄士族に対しても明治政府から授産資金が下賜されたが、それは有禄士族ほど手厚いものではなかった。首里や那覇に集住していた彼らの暮らしは貧しかった。貧窮から脱するために、新たに職を探し求めなければならなかった。彼らは地方役人や警察官、学校教員、商人などになったが、多くは農民となった。地方に移住して「屋取《やーどぅい》」と呼ばれる集落を形成し、土地を借りたり、原野を開墾したりし、農業に従事した（赤嶺 2003）。

琉球処分が行われた当時の沖縄の人口はおよそ35万人であり、その多くが農民であった。琉球国末期、王府は薩摩藩への負債返済、異国船の来航などにより苦しい財政状況にあった。その負担は農民の肩に降り掛かった、農村は荒廃し、年貢未納、借財・身売りが起きた。村落の事実上の破産が生じていた（秋山 ２００５）。

琉球処分を人々はさまざまな思いで、さまざまな立場からみていた。あるものは困窮した生活からの脱却を大和の世に期待し、あるものは王政の復興を望んだ。こうした混沌とした状況にあって、西南の役を経験した明治政府は、急速な改革を回避した。琉球士族の反乱を恐れて旧慣温存を基本方針とし、土地制度、租税制度、地方制度など、琉球国時代のものを維持した（赤嶺 ２００３）。

ただ、それでも次第に変化の波が沖縄に押し寄せてきた。その先導的な役割を果たしたのが他府県出身の寄留人たちであった。寄留人たちは沖縄で県官吏、警察官、軍人、教師などの職に就いたが、特に多かったのが商人であった。１８８０年代後半には寄留する商人（寄留商人）の数は約２０００名に達した（西里 ２００４）。

商都・那覇の開発

琉球国時代、沖縄の主たる産業は農業であった。農村では自給自足の生活が基本であった。この時代、商業が大きく発展することはなかった。首里や那覇のような都市では雑貨店のようなものが点在していたものの、大規模な商業地はなかった。人々は生活必需品を、露店の市場や行商人から購入していた。露店の市場は、首里においては首里市場（現在の首里池端町）を中心に、赤田、儀保で開かれた。那覇では那覇市場（現在の那覇市東町）を中心に、泉崎、泊、垣花《かきのはな》で開かれた。芋や野菜をはじめ、米、麦、粟、豆腐、魚などが販売された。肉類は新天地周辺に開かれた市場で販売された。商取引の主な担い手は女性であった。露店商や行商のおよそ7～8割を女性が占めていた。彼女たちは仲介業者を通して商品を仕入れていたが、その仲介を担っていたのが士族の婦人たちであった。仲介業者である士族の婦人たちは特権的な立場にあり、手数料をとって露店商や行商の女性たちに商品を分配した（太田 1932）。

こうした状況にあって、沖縄の商業界に変革をもたらしたのが寄留商人たちであった。たとえば、廃琉置県の頃に那覇の西本町で店を開いたものに、鹿児島出身の塩谷清兵衛がいた。彼は石垣に囲まれた民家の座敷を借り、反物や手拭いなどを6～8畳ほどの間に並べて販売した。店は繁盛し、塩谷は店頭販売における先駆的存在となった（太田 1932）。

塩谷のような先駆者の成功に刺激を受け、次第に店を構える寄留商人たちが増えていった。鹿児島出身の藤井吉次郎は藤屋という呉服店を出店した。藤屋は民家の石垣を取り払い、街路に面した店を開いた。建物を昔の民家のままにし、石垣を取り払ったこのような店を人々は町屋《まちや》と呼んだ。1913（大正2）年に、那覇・東町の半分を焼き尽くす大火災が発生したが、その後に町の整備が行われると、道路に直接に面する大和風の商家が建ち並ぶようになった。商業都市としての那覇の景観が形成されていった（金城 1977、砂川 2008、朝岡 1996、新里ほか 1969b）。

寄留商人たちは商業で成功を収めると、次第に商業地を拡張した。海面埋立ても行われ、1882

（明治15）年に湯屋ノ前、1884（明治17）年に仲毛、1888（明治21）年に西新が埋立てられ、市街地が広がった。湾内に浮かぶ島であった那覇は、現在の姿へと変わっていった（砂川 2008）。

1922（大正11）年には、鹿児島の百貨店・山形屋が沖縄支店を開設した。同社は明治中期頃から沖縄に出張員を派遣し、旧家や商家を相手に銘仙、友禅、帯地などを販売するとともに、沖縄で仕入れた琉球織物を鹿児島で販売していた。沖縄山形屋は、商品に値札をつけた正札《しょうふだ》販売や、商品を展示する陳列式販売など、沖縄では珍しかった販売手法を導入した。1999（平成11）年に閉店するまで、同店は沖縄百貨店業界におけるパイオニア的な存在となった（金城 1977）。

鹿児島系寄留商人と砂糖取引

寄留商人には鹿児島出身者が多かった。鹿児島商人たちは主に那覇の西町に店を構え、米穀、種子油、素麺、小麦粉、昆布などを仕入れて販売した。こうした商売のほかに、彼らにはもう一つ大きなビジネスがあった。砂糖取引であった。

琉球国時代から、鹿児島商人たちは薩摩藩の特権的御用商人として、沖縄での商業活動に関わっていた。彼らは鹿児島に拠点を置きながら、沖縄で仕入れた砂糖を大阪の市場で販売した。砂糖には琉球王府に納める貢糖・買上糖と、自由に販売できる私売糖の2種類があった。寄留商人たちは自らの縁故者か、農村で商売に関心があるものを仲買人にし、私売糖を仕入れた。生産者の家をまわって手付金を払うか、代金の全額を渡して私売糖を買い占めた。購入代金に高い利子をつけて前貸し、有利な立場から砂糖を買い取るものもあった。沖縄の農家のなかに大阪の市況を知るものがなかったことから、農家は相場よりもかなり低い価格で、寄留商人たちに砂糖を引き渡した。寄留商人たちは莫大な利益を手にすることができた（太田　1932）。

たとえば、砂糖取引に従事していたものに、鹿児島出身の永井吉太郎がいた。永井は1887（明治20）年、14歳の時に沖縄に渡り、やがて素麺・海産物・昆布などを扱う卸商の玉井商店を開設した。彼は次第に事業を砂糖取引に広げた。1932（昭和7）年5月26日に掲載された地元の新聞「琉球新報」の紙面で、彼は当時のことを次のように回顧している。「今日の如く砂糖委託問屋は勿論なく自身で田舎に出かけ直接交渉で買い歩いたもんです。本島内は隈なく歩き廻りました。電報はなく先刻申上げた例の不定期船の齎《もたら》す手紙が唯一無比の中央商況を知る機関であった。今日から考えると癪《しゃく》に障る程不便極まるものであったが、矢張り時代でそれでやって行った。船が入港する日は早朝から遠眼鏡を持って三重城《みーぐすく》に至り、遥か沖合から船が見える、サァ来たと家族総動員で押しかけ、郵便物が大阪商船に下されるや、その中から自分宛の手紙を探すのに血眼だ（郵便局も大目に見てくれていた）。直ぐ開封しソレ砂糖が騰った、と地方に買占めに出かけたもんです」（西里　1982）。

鹿児島を出自とする寄留商人には、大坪岩次郎、中馬辰次郎、海江田金次郎、若松吉二、吉田得蔵、慶田政太郎、藤井吉次郎などがいた。彼らは1887年頃に沖縄親睦会を結成し、大坪と中馬を中心に相互結束を図った。共倒れとなるような競争を回避しながら、商業活動を展開した（太田　1

932、金城1977）。

なお、大坪岩次郎は1876（明治9）年、18歳の時に鹿児島から沖縄にやってきた商人であった。大坪の生母が沖縄出身者であった。彼は那覇の通堂に店を開いて米穀類や砂糖の取引を行い、財を築いた。1897（明治30）年には兄の大坪嘉太郎らとともに鹿児島汽船会社を設立するなど、海運業でも活躍した。彼は那覇区会議員や県会議員を歴任するなど、寄留商人の代表として政財界に大きな影響力をもった（西里 1982）。

また、中馬辰次郎は1885（明治18）年に父・中馬政次郎とともに来沖した人物であった。父は那覇の西本町に中馬商店を創業し、やがて米穀・雑貨商として頭角を現した。辰次郎は父の後を継ぐとともに、鹿児島汽船ならびに鹿児島郵船の経営に関与した。彼は政界へも進出し、通算6年にわたって那覇区議会議員として活動した。寄留商人のなかで、指導者的役割を果たした（西里 1982）。

寄留商人系企業が沖縄経済に大きな影響力を持つなかで、やがて地元民のなかからも事業を起こすものが現れた。その一つが砂糖委託販売業の丸七商店であった。既述のとおり、沖縄における砂糖取引は、鹿児島系寄留商人が中心的な役割を果たしていた。砂糖は大阪市場で取引され、十一組と称する砂糖問屋だけが入札することができた。砂糖の品質は荷受問屋が鑑査して入札に附していたが、その等級の鑑定法を沖縄で知るものはなかった。農家は砂糖の相場を知ることができず、不利な取引が行われた（太田 1932）。

このようななか、沖縄県の農商課員であった仲吉朝助《なかよしちょうじょ》が、大阪出張の際に砂糖取引の現場をみた。仲吉は農家に不利な砂糖取引の改善を図るために、県内の資本家に呼びかけて匿名組合の丸七商店を設立した。社員7名を雇用したことから、丸七商店と名付けた。同店は砂糖委託問屋として事業活動を展開した。具体的には、農家から砂糖を委託糖として預かり、大阪から招聘した鑑定者の品質評価を基に適正な価格での取引に臨んだ。

砂糖委託販売という新たな取引を、一部の寄留商人が妨害した。しかし、大坪岩次郎をはじめとする寄留商人の元老は、仲吉らの活動に理解を示し、砂糖委託販売を容認した。丸七商店の成功に刺激を受け、県内各地に砂糖委託業が次々と誕生した（太田　１９３２）。

寄留商人の多様化と定着

鹿児島に限らず、やがて福岡、宮崎、大阪、奈良、和歌山など全国各地から起業を志すものが来沖した。１８８３（明治15）年には奈良の醤油醸造業の三男であった平尾喜八が、妻子とともに沖縄に渡ってきた。当時29歳であった平尾は、大阪から持ち込んだ手ぬぐい、小切れ布、石鹸などを風呂敷に包んで家々をまわり販売した。彼は堅実に商売を営み、やがて自らの店・平尾商店をもつようになった。平尾商店は大阪麦酒（現在のアサヒビール）や鈴木商店（現在の味の素）と沖縄代理店の契約を結んだ（新里ほか　１９６９ａ）。

平尾は40歳になると、息子で長男の喜三郎に家督を譲り、自らは大阪の仕入れ店を担当した。そして、次男の喜代松に大島紬、宮古・八重山上布、久米島紬、琉球絣などを調達させ、販売した。さらにアダン葉を使ったパナマ帽を販売する三共帽子商会を設立し、三男の球之助に経営を任せた（新里ほか 1969a）。

平尾家は2代目の喜三郎の代になると、沖縄を代表する商家の一つとなった。喜三郎は那覇区会議員を務めたほか、初代貴族院議員に当選するなど、政界に進出した。その他にも、彼は南陽酒造社長、沖縄県酒造組合長、同顧問、同連合会長、那覇商工会議所初代会頭などを務めた（新里ほか 1969a）。

さらに平尾家3代目の喜一も貴族院に当選し、政界に進出した。喜一は平尾本店を弟の喜治郎に任せ、自らは新垣・平尾自動車会社、沖縄県石油統制配給会社、沖縄県自動車整備配給会社、沖縄県製瓦販売会社、琉球新報社などの社長にも就任した。喜一はロイヤル・ダッチ・シェル系の石油会社ライジングサンと沖縄における代理店契約を結んで自動車燃料市場における独占的地位を築いたほか、1951（昭和26）年に沖縄トヨタ自動車販売の創設に関わるなど、自動車の普及にも貢献した（新里ほか 1969a、琉球石油株式会社 1986、沖縄トヨタ自動車社史編集委員会 2002）。

平尾のほかに、1920（大正9）年には福岡県八女出身の高田豊が来沖した。高田は父親の取引先であった屋宜商店に9歳の時に奉公した。1929（昭和4）年、高田は17歳の時に独立し、那覇の東町に高田茶舗を開いた。店では茶、素麺、昆布、海苔などを取り扱った。高田は日中戦争での出征のために沖縄を一時的に離れるが、戦後の1947（昭和22）年に再び戻り、高田商店を再建した。高田は琉球商工会議所理事、中央配電、沖縄製油、琉球食糧の取締役を務めるなど、沖縄経済の発展に貢献した（大宜味 1962）。

後年、高田商店はタカダグループへと発展した。ホテル（GRGホテル）、アミューズメント（サラダボウル）、自動車教習（波之上自動車学校）、スイミングスクール（波之上スイミングスクール）などを運営するグループ企業となった。[2]

尚家資本・士族資本企業の誕生

1884（明治17）年2月、旧国王尚泰の長男・尚典が帰郷した。さらに同年8月には尚泰が5年ぶりに沖縄に一時帰郷した。旧士族のなかに琉球国の復活を目指し、琉球救国運動を展開するものがあった。その活動を抑えることが、尚家の一時帰郷の狙いにあった。尚泰ならびに尚典は救国運動を批判し、県当局への協力を呼びかけた。これにより、白党と呼ばれる一派が、恭順の態度を示した。ただ、黒党（頑固党）と呼ばれる一派は、県当局の弾圧を受けながらも活動を続けた（安里ほか 2004）。

尚典ならびに尚泰の帰郷の頃より、尚家による企業設立が活発になった。勢力を伸ばす寄留商人に対し、沖縄における経済的地位の回復を目的に、尚家財閥の形成を企てた。こうした試みとして、1883（明治16）年に尚典と幸地朝瑞により、貿易会社の丸一商店が設立された。丸一商店は清国（中国）の福州のほか、大阪、石垣、台湾に支店を設けた。そして、大阪で仕入れた海産物、衣料品、缶詰などを福州に、福州で仕入れた茶を沖縄に、八重山地方で仕入れた反布を大阪に輸出・移出した。琉球国時代に展開した三角貿易を、私企業として展開した。砂糖ならびに米穀類の取引には進出せず、寄留商人との棲み分けを図った（赤嶺　２００３、金城　１９７７）。

また、１８８７（明治20）年に尚家は海運業の沖縄広運を設立した。５～６００トンクラスの汽船「球陽丸」を購入し、那覇、大島、鹿児島、神戸、大阪の間を運航した。球陽丸の乗組員の多くは首里出身の困窮士族であった（太田　１９３２、波平　１９８４）。

沖縄広運は海運業以外に、西表島での採炭事業にも進出した。琉球国時代から、西表島に石炭鉱脈が存在することが王府内で知られていたが、その存在は、ペリー艦隊が１８５３（嘉永６）年に行った地質調査により、広く知られるようになった。その後、内務大臣・山縣有朋、三井物産・益田孝が西表炭坑を視察し、三井物産が１８８５（明治18）年に試掘、翌年に本掘を開始した。西表炭坑では、山縣の発案にしたがい囚人労働が採り入れられた。坑夫１３０名のほかに懲役人１４０～１５０名が動員された。しかし、西表島での石炭採掘事業をマラリアの蔓延が妨げた。採炭事業の開始からわずか４年で、三井物産が事業を中止した（三木　１９９２）。

やがて日本国内での工業化の進展とともに石炭の需要が高まると、１８９５（明治28）年に大倉財閥系の大倉組炭鉱が、西表炭坑の経営に乗り出した。坑夫１２００名を投じて事業を開始したが、諸事情のためにわずか４年で事業を中止した。その後、同事業を尚家資本の沖縄広運が引き継いだ。１８９９（明治32）年、沖縄広運は坑夫・事務員など約５００名を雇用し、石炭を採掘した。日本政府の南進政策に呼応し、採炭した石炭を台湾総督府へ納付した（三木 1992）。

1887年には、尚家を中心とする旧士族層が羽地村（現在の名護市）にある伊差川鉱山での銅採掘事業を企画した。彼らは1889（明治22）年に4万4千坪の土地の借地許可を得て、本格的な採掘に乗り出した。同鉱山では1889年に6万6822斤、1890（明治23）年に9万8658斤、1891（明治24）年に7万4440斤、1892（明治25）年に1万6814斤、1893（明治26）年に7942斤の銅を採掘した。同鉱山における坑夫の数は2559名であったが、その多くは旧下層士族であった（古波津 1983、波平 1984）。

1893（明治26）年には、尚泰の4男・尚順、護得久朝惟《ごえくちょうい》、太田朝敷《おおたちょうふ》、高嶺朝教を中心に、新聞社の琉球新報（現在の琉球新報とは別会社）が設立された。護得久は尚泰の娘婿であり、後に尚家の家老格として活躍した人物であった。太田と高嶺は沖縄初の県費留学生であり、慶應義塾に進んで新知識を吸収したものであった。このような旧士族層の若手知識人を中心に、琉球新報が設立された。彼らは国内外の情報を発信することで、沖縄の改革を目指した。なお、県内では1905（明治38）年に寄留商人系資本の「沖縄新聞」が、1908（明治41）年に地元民間資本系の「沖縄毎日新聞」が創刊された。3紙それぞれの立場から、沖縄の政策に関する論争を繰り広げた（太田 1932）。

1900（明治33）年には、旧士族層を中心に沖縄銀行（現在の沖縄銀行とは無関係）が設立された。頭取に高嶺朝教が就任した。沖縄銀行は資本金10万円、払込資本金2万5千円という規模であった。同行では創設時に西洋式の銀行簿記に関する知識がなかったことから、浪速銀行に協力を仰いだ。また、沖縄県庁の会計課に勤務していた百名朝計に指導を依頼し、金融に関する知識の吸収・定着を図った（太田 1932、松永 2009）。

1924（大正13）年には、尚順が首里の桃原《とうばる》町にあった自宅「松山御殿《まちやまうどぅん》」で、熱帯果樹や香辛料、観葉植物の収集・研究をはじめた。沖縄の気候・風土に合った観葉植物・果物・花卉の栽培を試みた。1930（昭和5）年に松山御殿でパイナップルの栽培がはじまると、研究内容に興味をもった人々が見学に訪れるようになった。そこで尚順は松山御殿を「桃原農園《とうばるのうえん》」と名付け、一般開放した。後に松山御殿は沖縄戦により破壊されたが、帰郷した尚順の6男・尚詮により再興された。桃原農園は戦後の1951（昭和26）年に法人組織化され、米軍基地や公共施設、リゾート地などの緑化事業を手掛けるようになる。[3]

尚家資本企業の衰退

尚家ならびに旧士族資本系の企業による事業は商業、海運、開墾・鉱山開発、金融、新聞、造園など多岐にわたった。寄留商人にとって大きな脅威となった。しかし、それら事業の多くは長くは続かなかった。たとえば、丸一商店は八重山の地方役人らに、尚家への忠勤を尽くせば琉球国復国の際に相当の恩賞があるとして、事業に協力させた。地方役人たちは八重山の民衆に強引に丸一商店の商品を売りつけたり、民衆から商品を買い叩いたりして丸一商店に納めた。丸一商店の経営の一部は、民衆の犠牲の上に成り立っていた（太田 1932、西里 1982）。

また、沖縄広運も三井系の大阪商船、三菱系の日本郵船、鹿児島系寄留商人の鹿児島郵船といった海運業と、沖縄航路を巡る競争にさらされた。とりわけ、政府支援を受けた大阪商船との競争は不利なものであった（太田 1932、西里 1982）。

丸一商店ならびに沖縄広運は、家老格の護得久朝惟による徹底的な合理化により再建を試みた。だが、合理化策だけで、持続的な競争優位を構築できなかった。1907（明治40）年、沖縄広運は西表炭鉱の事業を中止し、さらに1916（大正5）年には沖縄広運そのものが大阪商船に身売りし、消滅した。丸一商店も寄留商人系企業との競争に勝てず、大正末までに閉鎖された（安里ほか 2004、西里 1982）。

伊差川鉱山での銅採掘事業もうまくいかなかった。採掘量が急激に減少し、採算がとれなくなった。明治30年代中頃には事業を中止し、撤退した（古波津 1983、西里 1982）。

沖縄銀行も、後述する砂糖価格の暴落に起因する経済不況に直面し、多額の不良債権を抱えた。そのため、1925（大正14）年に沖縄銀行、沖縄産業銀行、那覇商業銀行の3行が解散・合併し、新たに沖縄興業銀行が設立された。こうして沖縄銀行も消滅した（安里ほか 2004）。

琉球新報においては、1940（昭和15）年に1県1紙制度が実施されたことにより、沖縄朝日新聞（1915年創刊）、沖縄日報（1931年創刊）とともに「沖縄新報」に統合された。しかし、沖縄戦が開戦すると新聞発行が不可能となり、事実上の廃刊となった。

このように、尚家資本ならびに士族資本企業は、環境的な制約があったか、持続的イノベーションの構築を怠ったか、破壊的イノベーターが出現したことにより競争上の優位性を保つことができなかった。ただ、すべての事業が失敗に終わったのではなく、桃原農園のように現存する尚家関連企業もある。

伝統産業としての泡盛

琉球国時代からの伝統を引き継ぎ、発展した産業分野もあった。酒造業の泡盛であった。泡盛は首里城の東側に位置する鳥堀、崎山、赤田の３地区に限り、王府から製造を許されていた。この３地区は首里の高台の盆地にあった。石灰分を含んだ良質な水に恵まれ、酒造りに必要な麹の発育にも適した場であった。泡盛づくりに恵まれたこの地域は、三箇《さんか》と呼ばれた。戦前までに、泡盛製造業者は鳥堀に15軒、崎山に15軒、赤田に10軒あった（佐久本 １９９８、長谷川 ２０１０）。

泡盛の製造は琉球処分後に県内全域で認められ、離島を含めた各地で酒蔵が設立された。泡盛製造業者は１８９８（明治31）年には７６０戸となった。しかし、１９０８（明治41）年に酒造税が実施されると、状況が一変した。泡盛に対しては税率の低い焼酎税が課せられていたが、それが廃止され、全国並みの酒税法が適用された。これにより泡盛製造業者の倒産が相次ぎ、製造業者の数は１６７戸にまで減少した。さらに大正末期から昭和初期にかけての不況の影響を受け、１９３１（昭和６）年には製造業者の数は82戸まで減少した。こうした状況を乗り越えるために、業者らは酒造組合を結成し、政府への請願行動を起こした。１９２８（昭和３）年には全県的な組織として沖縄県酒造組合連合会を設立し、乱立する泡盛業界における価格の安定や、品質の向上を図った（佐久本 1998）。

泡盛業界が苦境に陥るなか、1931年に元・神戸税関の吉村丈三が那覇税務署長となった。彼は強力な行政指導により、業界の乱売防止や適正生産による価格の安定を試みた。さらに酒造業者らは1933（昭和8）年に酒造共済会を設立し、製造石数に応じて資金を積み立てた。酒造共済会では貯蔵タンクを設置し、過剰製品を買い上げるなど出荷調整を行うことで、需給バランスの適正化を図った。また、泡盛製造業者ごとに年間の生産量を決めておく生産統制も、那覇税務署の協力を得て実施した。監督官庁管理下での不況カルテルであったが、乱売を回避することに成功し、やがて泡盛業界は息を吹き返した。泡盛は県外へも出荷され、黒糖、織物とともに代表的な移出品となった（佐久本 1998）。

このような泡盛製造業者のなかで、ひときわ存在感を示したのが新里《しんざと》商店（現在の新里酒造）であった。同社は1846（弘化3）年に創設された現存する最古の蔵元である。新里商店は泡盛製造のみならず、原料米となる穀物の移入・販売も手掛けた。二代目・新里康昌の代には那覇市の若狭町で酒屋、西新町で砂糖委託商と酒類の移出業、東町で米問屋を営むほか、公務員・サラリーマン向けの貸家も行った。新里康昌は寄留商人に並び、多額納税者ランキングの上位に位置する資産家となった（太田 1932、金城1977、大城1980）。

建築業の萌芽

この時代には、沖縄の主要産業の一つとなる建設業の創設も相次いだ。１９２０（大正９）年、大《おお》宜味村《ぎみそん》出身の大城鎌吉が大城組を設立した。大城の祖父は首里士族であったが、廃琉置県の頃に北部方面へ移り住んだ。生家が貧しかったことから、大城は幼い頃に年季奉公に出された。父母を早くに亡くした彼は、国頭《くにがみ》や首里、那覇、本土から沖縄に来た大工のもとを転々としながら、見習いとして働き、腕を磨いた。そして23歳の時に大城組を立ち上げた。一般住宅や貸家の建築をはじめ、学校の校舎建築など公共工事を請け負った。大城は瓦や木材などの建築資材も自ら生産した。大城の働きぶりや人柄を評価した新里商店の新里康昌や、嶺井商店の嶺井吉常が、資金面で彼の事業を支援した。県外の建築業者が沖縄県内の大規模な工事を手掛けるなかで、大城組も技術力を高め、大規模工事の受注に挑んだ（大城　１９８０）。

１９３１（昭和６）年には、国頭村出身の國場《こくば》幸太郎が兄弟とともに、那覇にて國場組を設立した。國場の生家は貧しく、彼は13歳の時に大工の見習いとして年季奉公に出された。技術を身に着けた彼は、19歳の時に宮古島の福嶺尋常小学校の校舎建設の仕事を請け負い、独り立ちした。兵役のために熊本工兵隊で2年を過ごした後の１９２３（大正12）年暮れ、國場は除隊後すぐに東京へ向かった。この年の9月に関東大震災が起こり、東京は空前の建設ブームにあった。國場は兵役時代の知人を頼り、安藤組をはじめとする多くの建設業に勤務した。そして、兄弟の三男・幸吉、四男・幸裕、六男・幸昌を東京に呼び寄せて大手建設会社の業務を請け負った（國場組社史編纂委員会　１９８４）。

1929（昭和4）年、國場は弟の幸吉に仕事を任せ、一時的に帰郷した。再び東京に戻ろうとするも、両親や親族の引き止めにあって上京を断念した。彼は那覇で請け負いの仕事をしながら資金を貯め、兄弟とともに國場組を設立した。國場が沖縄で事業をはじめた頃、昭和金融恐慌（1927年）、ウォール街大暴落に端を発する世界恐慌（1929年）などにより、経済的不況のなかにあった。民間工事が少なかったことから、國場は公共工事を中心に仕事を受注した。國場組は東京で習得したコンクリート建造技術などを用いて、大規模工事を手掛けた。コンクリート建造技術は沖縄の建築業界に大きな変革をもたらした（國場組社史編纂委員会 1984）。

製糖業の発展

琉球処分以降、さまざまな産業が芽生えたが、依然として主要産業は農業であった。沖縄では主に芋とサトウキビが栽培されていたが、芋は主食として島内で消費された。これに対しサトウキビは砂糖の原料であり、換金作物として経済的に重要なものであった。牛馬を動力にした圧搾車（サーターー車）でサトウキビから汁を絞り出し、それを煮詰めて黒糖をつくっていた。

ただ、既述のとおり、沖縄の農村は琉球処分の頃より疲弊していた。1880（明治13）年、沖縄県庁が明治政府から6万9千円あまりの勧業資金を借り受け、製糖業の改良と農家の救済を試みた。琉球国時代、サトウキビは需給バランスや食糧確保の観点から、王府によって作付面積が制限されていた。国頭の一部、久米島、宮古、八重山では作付けが禁じられていた。しかし、国内で砂糖が不足していたことから、明治政府は１８８８（明治21）年に作付制限を解除し、沖縄各地でのサトウキビ栽培を奨励した（金城　１９８５）。

こうした情勢の変化を受け、１８９２（明治25）年に徳島県の製糖業者・中川虎之助が八重山における開墾許可を得た。彼は洋式農法によるサトウキビ栽培をはじめた。さらにその３年後、彼は東京の砂糖業者とともに八重山製糖を設立し、機械制製糖工場を導入しようとした。ただ、この試みはマラリアの蔓延、農民の反対、台風被害などのために実現されなかった。八重山での事業の難しさを痛感した中川は、やがてこの地を離れ、糖業が有望視されていた台湾に事業拠点を移した（金城　１９８５）。

１８９９（明治32）年には、東京・八丈島出身の玉置半右衛門が沖縄本島の東、約３４０キロの距離にある無人島・大東島《だいとうじま》の開拓に乗り出した。彼は八丈島で開墾移住者を募り、大東島でのサトウキビ栽培をはじめた。玉置は製糖機械を島に持ち込んで本格的な砂糖の生産を試みたが、結果は芳しくなかった。彼は１９０７（明治40）年に機械制製糖工場を閉鎖し、さらに１９１８（大正７）年に神戸の財閥企業・鈴木商店の斡旋の下で東洋精糖に会社を売却した。大東島での事業を引き継いだ東洋精糖（後に大日本製糖と合併）は、大規模な機械制製糖工場を設立した。やがて砂糖の生産にサトウキビの栽培が追いつかなくなると、沖縄各地から移住希望者を募り、耕地面積を拡大した（金城　１９８５）。

大東島では会社所有の農地を小作するというかたちで、農業が営まれた。農家のなかには会社に対して借金を抱えるものがあった。大東島の農家は日常生活を制限された。たとえば、農家は耕地の90％にサトウキビを植え付けることが義務づけられていた。残り10％の耕地での芋作が許されていたものの、それは堆肥生産に必要な牛・豚の飼育のためであった。野菜などの栽培は許されず、会社の農務担当者の監視下で農業が営まれた。人々は生活必需品を会社が経営する売店で購入したが、その際には会社が発行する兌換券（大東島紙幣）を使用した。人々の生活は、会社の管理下に置かれた（金城　１９８５）。

１９０６（明治39）年、沖縄における分蜜糖製造、糖業にかかわる研究、県内での機械制製糖工場の設置などを目的に、臨時糖業改良事務局が設置された。西原村（現在の西原町）に試験場が設けられ、工場も建設された。糖業改良事務局では海外からサトウキビを取寄せて品種改良を試みたほか、職員を海外に派遣し、研究を進めた。さらに製糖機械を購入し、沖縄での分蜜糖製造に着手した（金城　１９８５）。

こうしたなか１９１０（明治43）年に、北谷《ちゃたん》村嘉手納（現在の嘉手納町）に沖縄製糖が設立された。同社は１９１３（大正元）年に４００トンの製糖工場を操業して機械による黒糖製造を行ったほか、翌年には分蜜糖を生産した。やがて、沖縄製糖は台湾へも進出し、社名を沖台拓殖製糖とした。同社は後に台南製糖へ社名を変更した（金城　１９８５）。

沖台拓殖製糖のように機械製糖業を試みるものが現れたことで、臨時糖業改良事務局の初期の目的が達成された。そのため１９１２（明治45）年に同事務局は廃止された。１００トンの分蜜糖製造工場は、沖台拓殖製糖に払い下げられた（金城　1985）。

沖台拓殖製糖以外にも、1916（大正5）年に沖縄製糖（既述の沖縄製糖とは別会社）、1919（大正8）年に宮古製糖が設立された。また、台湾に本社を置く東洋製糖が沖縄の製糖会社の買収に乗り出した。同社は既述の大東島の製糖会社のほかに、八重山の製糖会社を傘下に置いた。後年、東洋精糖は1927（昭和2）年に大日本製糖に吸収・合併され、業界再編が進むことになる（金城　1985）。

製糖業における機械制製糖工業への発展がみられるなかで、サトウキビ栽培に関する研究も進んだ。台南製糖の農務課長であった宮城鉄夫《てつぷ》は、サトウキビの集約栽培による反収の増加を試みた。彼は1924（大正13）年に台湾に渡り、サトウキビの品種の一つである大茎種を沖縄に持ち帰った。宮城は台南製糖の豊見城《とみぐすく》農場で大茎種苗を増やし、栽培農家へ配った。当時、沖縄のサトウキビは茎の細い読谷《ゆんたんざ》山種が主品種であり、植え方も穴植えであった。宮城は大茎種の導入を機に、新たな栽培方法の普及を図った。彼は畦をたて、溝の部分に苗をねかせる溝植えを導入した。大茎種の導入により、農家は春・夏の年2回のサトウキビ植付けが可能になった。宮城は産業振興の大恩人と呼ばれた（金城　1985）。

大茎種の導入は機械制製糖工場の拡大を意味した。茎が太く硬い大茎種は、旧来のサーター車では圧搾できないため、工場の機械で圧搾しなければならなかった。これにより、農家は自ら黒糖を生産することができなくなった。農家のなかには栽培以外の収入源を絶たれることから、大茎種の導入に反対するものがあった。しかし、大茎種の優位性が認められると、サトウキビ栽培の主品種となった（金城　1985）。

製糖業の不振と海外移民の増加

沖縄の糖業は大正年間に入ると、黄金期を迎えた。その背景に、第一次世界大戦の勃発（1914年）による好景気があった。日本は第一次世界大戦の参戦国ではあったものの、主要な戦場がヨーロッパであったことから、国内に戦災がおよぶことがなかった。むしろ、各国の経済活動が抑制されたことで、日本にとっては輸出市場の拡大という恵まれた環境となった。

第一次世界大戦が勃発し、参戦国の甜菜糖《てんさいとう》生産が打撃を受けると、砂糖価格が上昇した。さらに大正初期に台湾のサトウキビ栽培が凶作に見舞われると、沖縄の砂糖価格が上昇した。那覇市場黒糖価格は明治末期に百斤当たり5～6円であったものが、大正期に7円を超え、さらに1919（大正8）年には20円を超えた。島は好景気に沸いた（向井　1992）。

製糖業に関連する社会インフラの整備も進んだ。収穫したサトウキビを輸送するための交通機関として、1914（大正3）年に那覇―与那原《よなばる》間を結ぶ県営鉄道、与那原―泡瀬間を結ぶ馬車軌道が敷設された。県営鉄道は1920年代に嘉手納線、糸満線を開通するなど、輸送範囲を拡大した。ヒト、モノの大量輸送が可能になった。

ところが、こうした好景気は長くは続かなかった。第一次世界大戦の終結後、ヨーロッパ諸国で経済復興が進み、さらにアジア市場から競合品が流入するようになると、１９２０（大正９）年をピークに砂糖価格が暴落した。そして１９２３（大正12）年の関東大震災、１９３０（昭和５）年の昭和恐慌の発生により経済環境が悪化すると、沖縄は慢性的な不況の時代に入った。不況の影響は特に農村地域で深刻であった。主食である芋や米の栽培から、サトウキビの栽培に切り替えたため、極度の食糧不足に陥った。農家のなかには雑穀はおろか、芋さえ口にすることができないものが現われた。

毒性のあるソテツの実や幹を調理し、飢えをしのぐようになった。調理を誤って食中毒で亡くなるものが相次いだことから、新聞社は沖縄の状況を「ソテツ地獄」と報じた（向井 １９９２）。

極貧のなかで、農村では身売りが行われたほか、西表島の炭鉱や大東島のサトウキビ栽培農場に人々が職を求めた。また、阪神工業地帯を中心に、紡績工場や各種工場に人々が出稼ぎに渡った。

困窮する家庭が増えるなかで、特に顕著だったのが海外への移民増加であった。沖縄からの最初の海外移民事業は１８９９（明治32）年に、後に沖縄海外移民の父と呼ばれる當山久三らによって行われた。第１回の海外移民事業ではハワイへ26名が送りだされた。これ以降、海外への移民の数が増加した。移民の渡航先はハワイのほか、ペルー、ブラジル、アルゼンチン、フィリピン、シンガポール、中国・満州などへ広がった。海外移民の数は急増し、１９４０（昭和15）年までに５万７２８３名が海を渡った。当時の沖縄の人口が57万４５７９名であったことから、現住人口の約１割が海外に移り住んだことになる。

海外へ渡った人々は慣れない土地で厳しい生活を強いられた。身を粉にして働き、自らの生活を切り詰めて沖縄の家族へ送金した。その仕送りの総額は沖縄県の歳入額の40～65％に相当するものになった。ソテツ地獄のなかにある県民の暮らしを、海外へ渡った人々が支えた。こうした人々のなかには、帰郷することが叶わず、異国の地で生涯を閉じるものもあった（新城　２０１０）。

2　米国統治下の沖縄

沖縄戦の悲劇とアメリカ世の到来

１９３１（昭和６）年の満州事変、１９３７（昭和12）年の日中戦争の勃発など、日本は次第に戦時色へと染まった。日中戦争が行き詰まりをみせ、米国との関係が悪化して戦略物資が不足すると、南方進出が開始された。南洋諸島はドイツが第一次大戦での敗戦により撤退し、代わって日本が支配下に置いた地域であった。日本政府は南洋諸島地域を戦略的に重要視し、開拓団を送りこんで開発を進めた。ボーキサイトやマンガンの掘り出しなど、軍需産業が本格化した。１９４０（昭和15）年末までに、マリアナ、カロリン、マーシャル諸島などへ進出した日本人の数はおよそ13万5千名となった。そのうちの6割強が沖縄出身者であった。南洋諸島は、慢性的な不況にあえぐ沖縄県民の受け入れ先となった（新城　２０１０、等松　２０１９）。

一方、沖縄においては１９４１（昭和16）年の夏頃まで、島に軍事施設や常駐部隊はなかった。ただ、南方から石油やゴムなどの軍事物資が運ばれるようになると、輸送船団を援護するための中継基地がつくられた。１９４１年7月から10月にかけて、沖縄本島の中城湾《なかぐすく》や、西表島の船浮湾に陸軍要塞が建設された（新城　２０１０）。

こうしたなか１９４１年12月8日、日本陸軍がイギリス領マレー半島北部のコタバル、タイのシンゴラに奇襲攻撃をかけた。さらに同じ頃、日本海軍がハワイの真珠湾にある米軍基地を奇襲攻撃した。日本がイギリス、米国に宣戦布告し、太平洋戦争へと突入した。短期間のうちに、日本軍は東南アジアから西太平洋に渡る広範囲な地域を占領した。

しかし、１９４２（昭和17）年6月のミッドウェー海戦で日本軍が大敗すると、戦況が一転した。日本は制空権・制海権を米軍に奪われた。制空権を奪還するために、１９４３（昭和18）年夏頃から、沖縄各地で飛行場などの建設が本格化し、急速に島の要塞化が進んだ。こうした建設工事を、沖縄県内の企業が受注した。たとえば、國場組は小禄飛行場の拡張・整備を中心に、読谷飛行場、伊江島飛行場、嘉手納飛行場、城間《ぐすくま》飛行場、西原飛行場など、陸・海軍の装備工事を請け負った。國場組の社員数は１９４１年頃までは２０００名程度であったが、１９４３年には外徴用工、動員学徒を含め、２万数千名に膨れ上がった（沖縄タイムス社編　１９８０）。

また、大城組は企業17社と対策を協議し、沖縄土木建築工業を新規に設立して各企業を統合した。沖縄土木建築工業は仲泊《なかどまり》や与那原の軍事物資陸揚・集積場、島尻《しまじり》一帯の陣地・壕の構築を請け負った（大城　１９８０）。

沖縄で戦争の緊張感が高まりつつあるなか、1944（昭和19）年7月9日、米軍の攻撃により、サイパン島が陥落した。サイパンには多数の県民が移民として渡っており、その犠牲となった。そして、次は沖縄が攻撃対象となった。この頃より、統制経済によって商取引が困難になった寄留商人や官吏など、他府県出身者が沖縄を離れた。沖縄からも老幼婦女子を中心に日本本土や台湾への疎開が計画されたが、遅々として進まなかった。学童疎開者など1661名を乗せた対馬丸が、魚雷攻撃をうけて沈没するなどの悲劇も起きた。いよいよ沖縄戦が現実的に迫ったものとなった。人口約57万名の沖縄におよそ10万名の日本軍が駐留した。日本軍のうち約2万5千名は、防衛隊・学徒隊として動員された県民であった（西里 2004、新城 2010）。

1944年10月10日、那覇市を中心に米軍機による猛烈な空襲が行われた（十・十空襲）。そして、まもなく鉄の暴風と形容される激しい地上戦が展開された。あらゆる地獄を集めた沖縄戦では、沖縄出身者14万9547名、県外出身者7万7456名、米国籍者1万4010名、英国籍者82名、台湾出身者34名、北朝鮮国籍者82名、大韓民国国籍者382名、合わせて24万1593名が犠牲となった[4]。

沖縄戦は1945（昭和20）年6月23日に組織的戦闘が終結した。これにより、沖縄は米軍の統治下に置かれた。アメリカ世のはじまりであった。米軍は1945年9月に琉球列島米国軍政府を設立し、さらに1950（昭和25）年12月に支配機関を琉球列島米国民政府（通称USCAR（ユースカー）、以下、米国民政府）へと移した。一方で、米国民政府は民意の進達機関として1945年8

月に沖縄諮詢会を、１９４６（昭和21）年４月に沖縄諮詢会を改組して沖縄民政府を、さらに１９５２（昭和27）年に沖縄民政府を改め琉球政府を設立した（新城　２０１０）。

沖縄復興救済運動の展開

焦土と化した沖縄の様子は、すぐさま海外で暮らす県系移民に知らされた。ハワイでは米陸軍の一員として沖縄戦に参加した県系2世のトーマス・タロー・ヒガが、帰国後に母県の窮状を訴えた。ヒガはヨーロッパ戦線に従軍した際に重い傷を負って除隊したが、沖縄戦が開戦すると自ら志願して戦地に赴いた。ヒガは戦火のなか住民が避難するガマ（壕）をまわり、通訳兵としてウチナーグチ（沖縄方言）で米軍への投降を呼びかけた（白水　２０１８）。

戦後、ハワイに戻ったヒガは、沖縄戦の惨状と避難所で暮らす住民の様子を伝えた。彼の言葉「島に人影なし、フール（豚小屋）に豚《ウワー》なし」は、ハワイに暮らすウチナーンチュに大きな衝撃を与えた。沖縄では物資が極度に不足するなか、食糧や医薬品などが米軍から無償で提供された。しかし、その量は十分なものではなかった。県系移民たちは団結し、沖縄の復興救済に動き出した。沖縄復興救済活動はハワイの県系移民のみならず、国籍・人種を越えて多くの人々が参加する活動となった。１９４５（昭和20）年、人々は１７６９箱、重さにして１５０トンの衣類を集め、米軍に頼んで沖縄へ送った。さらに１９４６（昭和21）年には婦人会を中心に、衣類、本、学用品、ミシン、灯油、メガネ、靴、おもちゃ、お菓子などを沖縄へ送った（白水　２０１８）。

1948（昭和23）年には、「フールに豚なし」といわれた沖縄に、豚を送ることが計画された。豚肉は沖縄料理の象徴的存在であり、養豚の復活が沖縄の復興につながると考えた。県系移民たちは米本土で550頭の豚を購入し、オレゴンから沖縄まで豚を生きたまま運ぶことを計画した。太平洋の荒波のなか、船の甲板で豚の世話をしながら、沖縄へ届けるという試みは困難をともなうものであった。嵐の中、甲板の豚小屋が海に流されたこともあった。その苦難を乗り越え、彼らは最終的に528頭の豚と食料品、医薬品を送り届けた（白水 2018）。

さらに1949（昭和24）年には、セブンデー・アドベンチスト教会の会員から、沖縄でミルクが不足し、新生児が栄養失調に陥っているという情報が、県系移民にもたらされた。沖縄の子供たちを救うために、搾乳用のヤギ約700頭と物資を送ることが決まった。豚の輸送の時と同様に、生きたままのヤギを輸送するという試みがなされた。故郷の人々を救いたいという思いが、人々を救済復興運動へと駆り立てた。こうした支援を受け、やがて沖縄は復興への道を歩みはじめた（白水 2018）。

なお、沖縄救済復興運動に参加した人々のなかには、沖縄で起業したものもあった。ハワイへ移民として渡った屋比久《やびく》孟吉であった。屋比久はハワイへ渡ったあと25年間、写真業を営んだが、沖縄へのヤギ輸送の際にそのヤギたちとともに米国本土から沖縄へ帰郷した。彼はしばらくセブンデー・アドベンチスト教会で布教活動を行い、後に教会近くの崇元寺《そうげんじ》にベストソーダを創業した。コカ・コーラやバヤリースといった外資系企業が沖縄の清涼飲料水市場に進出するなか、島内産業保護措置での低税率により、ベストソーダは外資に比して約半額という低価格を実現するとともに、独自のフレーバーによって全琉でおよそ20％の市場シェアを獲得した。ただ、沖縄の本土復帰後は保護措置が打ち切られ、また日本本土からの飲料業者の攻勢に対応できず、廃業した（海野　２０１２）。

金融機関の創設

戦後、沖縄の人々の生活は収容所からはじまった。食糧や医薬品が不足するなか、１９４５（昭和20）年10月頃から帰郷が認められ、荒廃した郷土の再建がはじまった。１９４６（昭和21）年半ば頃まで通貨はなく、人々は物々交換により生活必需品を調達した。物資が不足するなか、島外から密輸品が流入したほか、米軍関係施設からの盗品が闇市で取引された。

１９４７（昭和22）年からガリオア資金（占領地域救済基金）が適用されると、その資金が食糧、肥料、医薬品など救済物資の購入に充てられた。これを境に無償であった配給物資が有償となった。そして、１９４８（昭和23）年５月１日の琉球銀行の設立、同年７月16～20日のＢ型軍票（Ｂ円）への通貨統一、同年11月１日の自由取引の実現により、制限されていた経済活動が再開された。

琉球列島米国軍政府布令第１号により設立されたのが、琉球銀行であった。同行はフィリピン国立銀行をモデルに、資本金の51％を米国軍政府が、残りの49％を地元自治体が出資し、設立した。琉球銀行の業務は、米国軍政府資金の預託や一般銀行業務であった。同行は通貨発行権、不動産債権の発行権、金融機関の監督統制権などを有しており、中央銀行としての役割を担った（沖縄タイムス社編　1998）。

琉球銀行設立の翌年（1949年）からは無尽業法にしたがい、那覇無尽、沖縄無尽、宮古共栄無尽、八重山無尽が、さらに1950（昭和25）年以降には、みやこ無尽、南陽無尽、三和無尽が設立された。これら無尽会社は1953（昭和28）年に相互銀行法が交付されると、相互銀行へ転換した（外間　2000、産業新聞社　1972）。

また、1954（昭和29）年に銀行法が交付されると、市中銀行である沖縄銀行（戦前の沖縄銀行とは別会社）が設立された。このほか1954年にコザ信用金庫、1964（昭和39）年に海邦銀行（現在の沖縄海邦銀行）、1966（昭和41）年に沖縄県労働金庫などの市中銀行が設立された（外間　2000、産業新聞社　1972）。

前記金融機関以外にも、1959（昭和34）年に琉球開発金融公社（現在の沖縄振興開発金融公庫）が設立された。これは琉球銀行内部に設置された琉球復興金融基金が分離・独立したもので、長期設備資金を融資する金融機関であった。本土復帰後も、同公社は沖縄振興開発金融公庫として存続している。同公社は政策金融機関であり、日本で唯一存在する内閣府・財務省所管の特殊法人となっている。

保険業の設立

1950（昭和25）年には、當銘《とうめ》朝徳により琉球火災（後の大同火災海上保険）が設立された。當銘は１８９０（明治23）年に那覇市若狭町にて誕生した。彼は県立第一中学校を卒業後に税務官となり、川内（鹿児島）、島原（長崎）、延岡（宮崎）、宮古、那覇、国頭など各地の税務署に勤務した。戦後は沖縄民政府に入り、財政部企画課長を経て、１９４８（昭和23）年1月に同財政部長に就任した（大同火災海上保険株式会社 ２０００）。

當銘が財政部企画課長であった１９４７（昭和22）年5月に、マッカーサー司令部参謀次長のフォックス中佐一行が、行政監督ならびに視察のために来島した。その際に視察団のなかにいた金融係のロイストンから、沖縄復興のために損害保険事業を復活すべきであるとの勧告がなされた。沖縄復興の要点を聞いた當銘は、自ら損害保険事業を興すことを決意し、１９４９（昭和24）年に沖縄民政府を退職した。この時、當銘は59歳であった。彼は発起人会を立ち上げ、損害保険の事業免許取得を目指した。しかし、この要望はすぐには認められず、事業認可の取得が難航した。まだ沖縄には損害保険を必要とする事業がなく、時期尚早とみられたのである（大同火災海上保険株式会社 ２０００）。

ただ、１９４９年7月に米国軍政府が那覇市内における民間建築制限令を緩和すると状況が変わった。金融機関からの融資を受けるために、保険加入が義務づけられたのである。こうして１９５０年9月8日、當銘に保険事業従事免許証が交付され、琉球火災保険が誕生した。戦前の沖縄には地元資本の損害保険会社はなく、県外資本の代理店しかなかった。琉球火災は沖縄ではじめての地元資本による損害保険会社となった。琉球火災保険は東京海上火災保険と火災保険の再保険特約を結ぶとともに、奄美、宮古、八重山にも支店を開設し、業務を開始した（大同火災海上保険株式会社　２０００）。

朝鮮戦争の勃発（１９５０年）を境に沖縄での基地建設が本格化すると、軍工事ブームが訪れた。軍工事を請け負う際には強制保険の加入が義務づけられ、さらに工事にともなう車輌、資材にも保険をかけることが入札条件となった。また、琉球復興金融金庫（現在の沖縄開発金融公庫）の住宅建築融資を受ける際にも、保険への加入が義務づけられた。建築件数の増加にともない保険の需要が高まると、琉球火災の事業も順調に軌道に乗った。その後、琉球火災は１９７２（昭和47）年の本土復帰を前に、復帰対策として共和火災と合併し、大同火災海上保険へと社名を改めている（大同火災海上保険株式会社　２０００）。

糖業の復活

経済活動の再開からまもなく、沖縄の主要産業であった糖業の復活が望まれた。食糧増産を最優先する米国軍政府は、糖業復活を疑問視した。糖業の不振が戦前沖縄の慢性的不況の原因の一つであり、さらには国際的な価格競争という観点からも沖縄の糖業が劣位にあるとみていた。こうしたなか、糖業再興に動き出したのが宮城仁四郎であった。宮城は１９０２（明治35）年に大宜味村にて誕生した。父が建築業を営んでいたことから、生家は比較的に裕福であった。ところが、宮城が幼い頃に父が死去すると、家計は苦しくなった。母が手足を傷だらけにしながら荒地を耕し、女手一つで子供たちを育てた。宮城は兄の指示に従い、北谷村嘉手納（現在の嘉手納町）にあった沖縄県立農林学校に進学した。同校の校長は、沖縄糖業の発展に尽くした宮城鉄夫であった。農林学校を卒業後、宮城仁四郎は農林学校の助手として1年働き、その後に神奈川県の金沢八景で、牡蠣養殖の研究を行っていた叔父を頼って上京した（宮城仁四郎回想録刊行委員会 １９９６）。

叔父の宮城新昌は１９０５（明治38）年、21歳の時にハワイに渡ってサトウキビ栽培に従事し、さらに3年後に米国本土にわたって牡蠣の養殖を学び、イギリス領カナダで水産会社を起こした苦労人であった。米国、カナダ両国の政府から委託を受け、5万人におよぶ外国人労働者を指揮して、牡蠣養殖の研究と実験を行ったこともあった。１９２３（大正12）年に日本政府からの要請で帰国すると、農林省水産養殖研究所からの委嘱で牡蠣養殖の実験事業を手掛けた。この時に叔父は牡蠣の垂下式養殖法を考案し、宮城県石巻市で実用化に成功した。宮城新昌は日本の牡蠣王と呼ばれた（宮城仁四郎回想録刊行委員会 １９９６）。

その叔父の下から、宮城は鹿児島高等農林学校（現在の鹿児島大学農学部）の入学試験に合格し、進学した。大学では、奨学金を得ながら農芸化学を学んだ。その後、沖縄に戻り台南製糖（後の沖縄製糖）に勤めた。糖業は沖縄で最先端の技術を有する産業であった。宮城は同社の西原工場に勤務した。この時、彼は上司から亜硫酸製法による白糖製造に取り組むよう指示された。やがて日本で初めて同製法による白糖製造に成功すると、工場長に抜擢された（宮城仁四郎回想録刊行委員会 １９９６）。

まもなく、日本政府が南進政策を展開し、１９３２（昭和17）年にインドネシアのジャワ島を統治下に置くと、宮城は軍の徴用により同島に派遣された。ジャワ島では国策機関である糖業公団に、工場長として勤務した。同公団の工場では、軍からの依頼で手榴弾、船舶エンジン、紡機、セメントなどを生産した。また、現地の司政官であった床次徳二（後の沖縄担当総務長官）からの依頼を受け、ジャワ島の住民のために芋を栽培し、食糧確保に努めた（沖縄タイムス社編　1980）。

太平洋戦争が終結すると、宮城は帰郷し、沖縄民政府に入職した。そこで彼は工業部副部長の職についた。この時、宮城は「沖縄工業の将来」と題する意見書を作成し、沖縄で有望な産業として、糖業、セメント工業、紡績業、建築資材窯業の4つをあげた（沖縄タイムス社編　1980）。

しばらくして、宮城は沖縄で塩が不足していたことから製塩業を立ち上げることを決め、沖縄民政府を退職した。戦争で破壊された高嶺製糖工場跡から機械を探し出して蒸気釜をつくり、那覇市・安《あ》謝《じゃ》のブタノール工場跡から石炭を拾い集めて燃料にし、食塩を生産した。宮城の妻である初子が、会社設立資金の調達に奔走した。物資が不足していた沖縄では、密貿易により大きな利益を得た人々がいた。初子はこうした新興階級に出資を呼びかけた。宮城は妻の協力のもとで資金を調達するとともに、琉球銀行から無担保で融資を受け、沖縄機械製塩を設立した。同社は戦後沖縄における製造工場の第1号であった。沖縄機械製塩は沖縄本島の食塩需要の70％以上を満たした（宮城仁四郎回想録刊行委員会　1996）。

次に、宮城は糖業の復興を目指した。彼はサトウキビ、芋、大豆などとの輪作でなければ、沖縄の農業はうまく行かないと考えていた。芋は連作すると病害虫が発生することから、サトウキビと輪作しなければならず、さらにそのサトウキビを加工するための製糖工場が必要であると考えた。しかし、米国民政府は沖縄では自給食糧を生産すべきであると考えていた。砂糖は世界的な産地から安価なものを購入するように指導し、サトウキビの栽培を認めなかった。宮城は米国民政府の商工課長であったサムエル・Ｃ・オグレスビーのもとを何度も訪ね、激論を交わした。宮城が予想した通り、米国民政府の方針では食糧増産が進まず、農家は貧しいままであった。そこでオグレスビーは上層部を説得し、宮城に南大東島でのサトウキビ栽培許可を与えた（宮城仁四郎回想録刊行委員会　１９９６）。

なお、オグレスビーは１９５０（昭和25）年に米国民政府職員として来沖し、約16年に渡って沖縄の工業振興に尽くした人物である。米国民政府と沖縄との間に立って、製糖、ビール、セメント、鉄筋、合板、菓子など、戦後沖縄の主要な製造業の創設に関わった。沖縄の繁栄を願い、市民の声に耳を傾けて産業基盤の整備に取り組んだ。彼は１９６６（昭和41）年に死去した。享年55であった彼の遺言に従い、遺骨は那覇・泊の国際墓地に埋葬された。オグレスビーは人々から、「沖縄産業の恩人」として讃えられた。彼の功績に敬意を表し、１９６７（昭和42）年に財界を中心にオグレスビー氏産業開発基金が設立された。同基金は、現在でも県内の工業功労者の表彰や、工業関係学生への奨学金授与などの事業を行っている（オグレスビー氏産業開発基金事務局　１９８６）。

さて、宮城が糖業再開の許可を得た南大東島では、製糖会社が支配する戦前の生活に戻ることを危惧した住民たちが、会社設立に反対した。宮城は関係者を南大東島に何度も送って、熱心に島民を説得した。すると、やがて製糖会社設立に理解を示す人々が現われた。南大東島では沖縄戦で大日本製糖の工場が破壊されてからは、小型の動力や畜力を用いて黒糖を生産していたが、生産能力に限界があった。島のサトウキビ畑は約3割しか利用されておらず、ほとんどが放置されていた。島の畑を有効活用するためには、大型工場を設立する必要があった。こうして1950年、宮城の計画が受け入れられ、大東糖業が設立された。大東糖業では、米軍が管理していた旧大日本製糖の残存施設を利用して、工場を再生した（沖縄タイムス社編 1980）。

宮城は沖縄本島南部で企画された南部製糖の創設にも、委員として参加した。南部製糖ではガリオア資金を活用し、ハワイで遊休中の製糖機械を購入した。宮城がハワイ移民の協力を得て、機械を調達した。南部製糖は1952（昭和27）年8月の第1期株主総会で、琉球製糖（現在のゆがふ製糖の前身の一つ）へと社名を変更した。

沖縄で製糖工場が再建されつつあったが、糖業が復活するためには、市場を確保する必要があった。宮城は上京し、琉球政府駐日代表を通じて、日本政府との沖縄産糖の買い上げ交渉に臨んだ。当初、大蔵省側は他国産の砂糖がトン当たり70ドルであるのに対して、沖縄産糖がトン当たり200ドルであること、沖縄では安い外国産砂糖を消費しているのに対して日本には高い砂糖を売りつけることになることから、沖縄産糖の買い入れに難色を示した。しかし、宮城は戦後に沖縄が置かれた状況と、その状況に置いた日本政府の責任を問い、南西諸島物資として沖縄産糖の政府買い入れを要望した。その結果、日本政府による特別措置により、沖縄糖業が保護されることになった（宮城仁四郎回想録刊行委員会 1996）。

宮城は沖縄の産業が農業や水産といった第一次産業だけでは成り立たず、それを加工する第二次産業、さらにはそれらを販売する第三次産業が循環する総合的産業政策を確立しなければならないと考えていた。後に、彼は琉球煙草、沖縄製缶、琉球殖産、大東パイン、北大東糖業、波照間製糖、中央畜産、中央食品加工、総合紙器、琉球セメント、琉球洋酒、琉球生コン、琉球ゴルフ、リウエンなど、沖縄の基幹産業に関わる企業およそ20社を設立した。宮城は「沖縄の産業復興の父」と呼ばれた。宮城は琉展会を組織し、グループ企業をまとめた（宮城仁四郎回想録刊行委員会　１９９６）。

食糧の供給

沖縄では戦後、食糧の配給制度が実施された。当初、無償配給であった食糧はやがて有償配給になり、また沖縄民政府が担っていた配給機構も民間の手に委ねられた。こうしたなか、１９５０（昭和25）年に設立されたのが沖縄食糧であった。竹内和三郎が社長に就任した。竹内の祖父そして父は１８８７（明治20）年頃に親戚を頼り、大阪から沖縄に移り住んだ寄留商人であった。母は12歳の時に大阪から沖縄に移り住み、女子教員養成所で学んだ沖縄初の女性教員であった。このような両親の下、竹内は１９０７（明治40）年に那覇西本町で生まれた（沖縄タイムス社編　１９８１a）。

竹内は１９２４（大正13）年に中学校を卒業後、大学進学のために上京し、受験勉強に励んだ。しかし、失恋を機に放蕩を重ね、帰郷した。父は放蕩の中からも学ぶべきものがあるとして、竹内の生活を黙認したが、やがて死去した。将来を心配した母は、円山号百貨店の尾花仲次に竹内を預けた。

竹内が29歳の時であった。兵庫県出身の尾花は１９１２（大正元）年８月に来沖して露天商をはじめ、百貨店を経営するまでになった。１９３５（昭和10）年に開業した円山号百貨店は、沖縄で山形屋（１９３０年開業）に次ぎ、２番目に開業した百貨店であった。大門前《うふじょーめー》の店舗は市民にとって憧れの場所であった。尾花との出会いが竹内の運命を大きく変えた。竹内は尾花の下で生まれ変わったように働き、周囲からの信頼を得た（沖縄タイムス社編　１９８１ａ）。

やがて戦時色が強まり、多くの寄留商人が日本本土へ引き上げたが、竹内は沖縄に留まった。十・十空襲の時には警防団の一員として住民の避難誘導にあたり、その後は全国から集まってきた救恤《きゅうじゅつ》衣料品を、空襲で焼け出された人々へ配った。この時、竹内は他日に備えて衣料品の一部を本島北部の羽地村の倉庫に移し、保管した。こうした活動が、配給に欠かせぬ人物として竹内の評価を高めた（沖縄タイムス社編　１９８１ａ、沖縄食糧株式会社創立50周年記念誌編集委員会　２０００）。

沖縄本島北部の山中で終戦を迎えた竹内は、警察書記や那覇市役所の庶務課長の職に就いた後に、名護にあった田井等《たいら》地区中央倉庫長となり、食糧の配給業務に従事した。やがて自治体が運営していた配給業務が民間に移行されると、竹内は沖縄食糧を創設し、沖縄本島、八重山、宮古の配給機構を引き継いだ。配給機構の当初の人員が８００名を超えていたことから、竹内は輸送会社や荷役会社に業務を移し、人員を４００名にまで半減させて経営の合理化を図った。また、台湾、韓国、ミャンマー、オーストラリア、米国、スペインなどに赴いて米を買い付け、住民への食糧の安定供給に努めた（沖縄タイムス社編　１９８１ａ、沖縄食糧株式会社創立50周年記念史編集委員会　２０００）。

さらに、竹内は米国民政府との食糧問題に関する意見交換会のなかで、製粉業の必要性を説いた。これに対し、米国民政府は竹内にその設立を命じた。こうして1955（昭和30）年に沖縄製粉が設立された。このほかにも、竹内は1959（昭和34）年にクイン商事傘下の西森製麺を買収して素麺の製造販売を手掛けたり、1968（昭和43）年に沖縄食鶏加工に資本参加して、ブロイラー処理事業へ進出したりするなど、食糧供給に貢献した（沖縄タイムス社編 1981a、沖縄食糧株式会社創立50周年記念史編集委員会 2000）。

卸売業の展開

戦後の混乱のなかで、卸としての機能を果たしたのが金城商事であった。創業者の金城カネは1911（明治44）年、糸満町（現在の糸満市）の漁師の家に生まれた。父は生活苦から年季奉公に出された雇い子を集め（糸満売りと呼ばれた）、漁を行っていた。母は夫が獲った魚を売り歩いたり、サメのヒレを乾物にして台湾へ出荷したりしていたが、金城が7歳の時にスペイン風邪を患い、亡くなった。金城は首里女子工芸学校を受験し合格するも、女性の学問の必要性を認めない風潮のなかで進学をあきらめ、雇い子の世話や、漁師たちが獲ってきた魚の販売に従事した（沖縄タイムス社編 1981b）。

金城は漁師たちが獲ってきた魚の販売を任せられており、それらの魚を行商人に卸した。彼女は行商人に魚を卸す際、その時点で、卸値を決めなかった。行商人は魚を売りに行った町で、前日の相場や自分の前に魚を売りにきた人の値段を聞いて、売り値を決めた。その一方で、金城も自ら魚を売り歩いた。それは相場を知るためで、自らが売った魚の値段を小売値とした。そして、この自ら定めた小売値から利益を差し引いたものを卸値とし、行商人に請求した。行商人は金城の定めた小売値よりも高い値で販売できていれば利益が得られたが、安い値で販売した場合には損失を負った。行商人は損失分については、代金を立て替えてでも支払わなければならなかった。もし支払わなければ、翌日から魚を卸してもらえなくなるためであった（沖縄タイムス社編　1981b）。

ただ、金城は行商人が損失を被った場合、次には小売値を安くし、行商人にも利益が出るように配慮した。長期的にみて、互いに持続的に利益が生まれるような信頼関係の構築を図った。当時、「なま物売りをこなした人は、何の商売でも成功する」と言われていた。鮮魚は長期保存できないため、限られた時間のなかで、最適な価格を決定しなければならなかった。また天候により魚の入荷状況が違うため、あらかじめ市場の動向を予測することも困難であった。金城は鮮魚を売るなかで、商品価格の相場に対する感覚を養うとともに、販売先との長期的な相互繁栄について学んだ（沖縄タイムス社編　1981b）。

金城は1929（昭和4）年に結婚し、夫とともにサイパンに渡った。ソテツ地獄と呼ばれる慢性的な不況のなか、サイパンでは豊かな生活が待っていた。金城は漁師である夫とは別に、魚屋、旅館、貸家などの商売をはじめ、成功をおさめた。「糸満の女傑」として金城カネの名が知られるようになった。ただその生活は長くは続かず、やがてサイパンでの悲惨な戦争と収容所での捕虜生活を経験した。金城はすべての財産を失い、１９４６（昭和21）年に帰郷した（沖縄タイムス社編　１９８１b）。

沖縄に戻ったあと、夫がカツオ漁をはじめるなかで、金城は物々交換の仲介事業をはじめた。極度に物資が不足するなか、密貿易による物資が流入していた。金城は１９４９（昭和24）年に那覇の香港通りに店を出し、密貿易人からの依頼を受けて小麦粉や砂糖などを販売した。住民生活や経済が密貿易により成り立っていた時代、警察はこうした取引を黙認した（沖縄タイムス社編　１９８１b）。

１９５１（昭和26）年に民間貿易が再開され、商品輸入が可能なＬＣ（信用状）時代を迎えると、金城は食料卸問屋の金城商店を創設した。金城商店の取扱商品のなかで、特に重要なものが砂糖と小麦粉であった。まず砂糖の販売においては、１９５１年に大東糖業が、翌年に琉球製糖が設立されたことで、商品が市場に供給されるようになった。しかし、創業当初の琉球製糖の砂糖にはサビが混入し、品質に問題があった。商品としての価値が低く、琉球製糖は厳しい経営状況に置かれていた。この砂糖の販売を、金城のほかに幸陽商事の金城慶子、照屋商店の照屋ウシの糸満出身女性が引き受けた。世間では、彼女たちのことを三羽ガラスと呼んだ。彼女たちは窮状にあった琉球製糖、そして汗水流して働いた農家を救うために自分たちの力が必要だと感じた。金城たちは鍋、窯を調達し、砂糖を黒糖に作り変えて販売した。琉球製糖の創業期を影で支えた。やがて、大東糖業の販売特約店である大東商事が砂糖の販売をはじめると、金城商店などの4社で、沖縄産の砂糖を寡占的に扱った。

ただ、既述のとおり、宮城仁四郎と日本政府との交渉で、沖縄産糖が南西諸島物資に指定されると、沖縄産島は原料糖として買い上げられるようになった。沖縄には日本本土や台湾から、安価な精製済みの砂糖が輸入された。金城は大東商事とともに、台湾企業との取引をはじめた。砂糖は国際市場のなかでも特に価格変動が激しい商品であったが、金城は国際相場を読み、商取引を行った。彼女は安く仕入れて、安く売るという方針をとり、小売店や消費者に良心的な価格で商品を供給した。金城商事は沖縄の砂糖市場の約半分を占有する企業となった（沖縄タイムス社編　１９８１ｂ）。

また小麦粉においては、金城は戦後の混乱期に密貿易品を、１９５０（昭和25）年からは沖縄食糧から仕入れた品を販売した。１９５１年に民間貿易が再開されると、日清製粉の特約販売店となって小麦粉を輸入・販売した。やがて、竹内和三郎が沖縄製粉を設立すると、小麦粉を扱う問屋に対して、同社の株の購入依頼があった。沖縄製粉の株を引き受けるリスクの高さから、多くの問屋はこの要請を断った。しかし、地場産業の育成という使命感から、三羽ガラスの幸陽商事、照屋商店、金城商店、そしてオキコの仲田睦男が沖縄製粉の株を引き受けた。金城商事は小麦粉の卸として、存在感を高めた（沖縄タイムス社編　１９８１ｂ）。

砂糖や小麦粉を扱うなかで、金城商事（１９５３年に金城商店から改称）の取引先は、製パン、菓子業者へと広がった。そこで金城は、食用油脂、生イースト、重曹、豆、香料など２００種類におよぶ材料や、ポリエチレン袋、ケーキ箱などを商品ラインに加え、業者への安定供給に努めた。さらに日本本土から菓子職人を呼び寄せ、業者への指導を行うなど、全琉での技術向上に努めた（沖縄タイムス社編　１９８１ｂ）。

新聞報道の再開

既述のとおり、戦前の沖縄においては琉球新報、沖縄朝日新聞、沖縄日報の３つの新聞社があったが、言論統制が強まり１県１紙政策が実施されると、１社に統合された（１９４０年）。３社の統合により新設された沖縄新報は、沖縄戦中には首里城内に掘られた壕の一つを借りて、新聞を発刊した。砲火のなか、沖縄師範学校の鉄血勤皇隊員や警察の連絡員が、命がけで新聞を各戦線に配達した。首里城陥落の危機が迫ると、１９４５（昭和20）年５月25日未明を最後に廃刊となった（琉球新報百年史刊行委員会　１９９３）。

１９４５年７月26日、太平洋戦争が続くなか、米国軍政府は住民への情報伝達手段として、新聞の発行を決めた。戦争への非協力者であった島清《しまきよし》を責任者に選び、沖縄新報の記者ら元社員を集めて、「ウルマ新報」を発刊させた。社員たちは倉庫や壕内に残されていた印刷機、活字、インク、機材などをかき集め、使用可能な部品を利用して新聞を印刷した。広島・長崎への原爆投下や、日本の降伏が報道された（琉球新報百年史刊行委員会　１９９３）。

米国軍政府の機関紙であった「ウルマ新報」は、１９４６（昭和21）年に沖縄民政府が発足すると、米国軍政府ならびに沖縄民政府の機関紙に指定され、新聞名も「うるま新報」へと変わった。社員の身分は民政府職員となった。また、島が東京へ引き上げると、瀬長亀次郎が社長に就任した。１９４７（昭和22）年４月には、軍政府から民間企業への移行が承認され、無料だった新聞が有料となった。うるま新報は戦後発足の民間企業第１号となった。しばらくの間、うるま新報は独占的に新聞を発刊したが、やがて沖縄タイムス（1948年7月1日創刊）、沖縄毎日新聞（1948年7月12日創刊、のち廃刊）、沖縄ヘラルド（1949年12月12日創刊、のち廃刊）、琉球日報（1950年2月12日創刊、のち廃刊）が設立された。こうしたなか、うるま新報は1951（昭和26）年9月9日に、社名を琉球新報へと改めた。琉球新報は戦前の琉球新報とは株主構成などが大きく異なる別会社であったが、元琉球新報の社員らが再結集し、琉球新報の題字やブランドを引き継いだ。同社は沖縄の代表的な機関紙の一つとなった（琉球新報百年史刊行委員会　1993、沖縄タイムス社編　1998）。

もう一つ、沖縄の代表的な機関紙となったのが、沖縄タイムスであった。首里城内の壕からの脱出の際、沖縄新報の社員たちは再会後にまた新聞をつくることを約束した。そして、戦後に宜野座村周辺に避難していた元社員を中心に、新聞人による新たな新聞づくりが企画された。当初、大衆を戦争へと駆り立ててしまったという自責の念から、新聞社創設に踏み切れない心境にあったが、終戦からおよそ3年を経て、新たな新聞社の設立準備が進められた。独占でなく競争を好む考えから、米国軍政府は沖縄タイムスの発刊を許可した。同社は沖縄の精神復興を目指した（沖縄タイムス社編　1998）。

建設業界の再生

沖縄の戦後復興過程で、特に大きな産業となったのが、建設業であった。大城組の大城鎌吉は避難先の国頭村で、家族とともに終戦を迎えた。彼は大宜味村喜如嘉《きじょか》の収容所に収容されたが、米軍からの要請を受けて瓦製造に着手した。大城は羽地方面に避難していた職人を集め、大城組の本社があった那覇・牧志に戻り、沖縄製瓦を設立した。同社は米軍・公共施設や民間住宅用に瓦を供給した（大城 1980）。

やがて経済活動が再開されると、大城は1949（昭和24）年に、大城組を再建した。この年、米国政府は沖縄の長期保有を決定し、恒久的な基地建設のために、2億7千万ドル以上という莫大な資金を投じた。これにより、沖縄では軍工事ブームが起きた。当初、米軍基地の建設はモリソン、クヌードセン、YKT、清水建設といった米国やフィリピン、日本の建設業者が受注した。しかし、次第に沖縄企業も下請けではなく、主体的に国際入札に参加した。米軍関係工事は、契約手続きや資材の品質など、米国基準に従わなければならず、また建設技術においても特殊で高度なものが要求された。大城組をはじめとする地元建設業者は、米軍関係工事を受注するなかで、建設に関わる知識やノウハウを蓄積した（大城 1980）。

その後、大城組は建設分野以外にも百貨店（大越百貨店、後の沖縄三越）、空港（那覇空港ターミナル）、港湾運送（那覇港運）、映画（琉球映画貿易）など、さまざまな事業分野へ進出した。大扇会と称する企業グループを組織し、沖縄を代表する企業となった（大城 1980）。

1946（昭和21）年6月には、國場組の國場幸太郎が密航船に乗って帰郷した。既述のとおり、國場組は戦前に日本軍から、基地建設を請け負っていた。その際に、國場は陸軍航空本部との打ち合わせのために上京したが、沖縄戦の開始により帰郷できなくなった。太平洋戦争終結後、國場は密航船に乗って沖縄へ帰った。彼は国頭村奥間から上陸し、家族のもとで過ごした後に、石川市（現在のうるま市）にあった沖縄民政府を訪れた。そこで密航船で帰ってきたことを報告した。國場は米軍から罪に問われることを覚悟していたが、尋問を受けることなく、むしろ戦前に数万人もの作業員を管理し、基地建設に従事した実績を評価された。彼は労務管理問題などが起きていた港湾荷役作業を託された（沖縄タイムス社編 1980）。

経済活動の再開後、國場は従業員を集め、國場組の再建に乗り出した。國場組はキャンプ・ハンセンの米軍関係工事のほかに、琉球大学、琉球政府庁舎、那覇中央郵便局、沖縄食糧などの建設工事を受注した。沖縄戦では、建造物の9割以上が破壊されたといわれた。こうした建造物を建て直すことで、沖縄の復興を担った。後に、國場組は建設業のみならず、配電（沖縄配電）、セメント販売（小野田セメント沖縄地区代理店）、海運、映画上映、水産加工、料亭などへ事業の多角化を進めた。これらの事業は新規に設立したものもあれば、赤字会社の経営を引き継いだものもあった。國場組は國和会を組織し、沖縄を代表する企業グループの一つとなった（沖縄タイムス社編 1980）。

戦後の復興過程で、建設業は沖縄の主要産業へと成長した。農業従事者のなかには、建設業へ転職するものもあった。市場の拡大とともに、新興企業も次々と誕生した。たとえば、鉄工所から事業をはじめ、建設業へと発展したものに金秀《かねひで》建設があった。同社の歴史は、呉屋秀信が1947（昭和22）年に西原村（現在の西原町）にて、金秀鉄工所を設立したことにはじまる。呉屋は1928（昭和３）年に西原村（現在の西原町）の農家に生まれた。彼は西原国民学校高等科を卒業後、県立農業試験場への就職を経て、沖縄製糖の工員養成所に入所した。彼は2年間、養成所で学科と実技を学んだ後に同社・西原工場に勤務した。やがて戦時体制になると、軍の命令により兵器の修理や軍刀作りに従事した（金秀グループ六五周年記念誌編纂室 ２０１２）。

戦後、呉屋は収容所から西原村に戻ったが、そこで見たのは変わり果てた村の姿であった。首里との位置関係から、西原村には多数の部隊が陣地を敷いていた。そのために激しい戦闘が繰り広げられた。呉屋の生家があった我謝《がじゃ》地区では、住民１０８４名のうち５９９名が犠牲となった。幸いなことに呉屋の実家は大きな被害を受けず、奇跡的に残っていた。彼は荒れ果てた西原村を再生するために、農機具を作ることを決意し、自宅の庭で鍛冶屋をはじめた。この時、呉屋は18歳であった。彼は戦争で焼け残った鉄屑を集め、鍬、鎌、ヘラなどを作った。農具が人々に行き渡ると、稲の脱穀機、籾摺り機、精米機、製粉機、船舶用エンジン、ブロック製造機など、社会で必要とされる機械の製作に従事した。地域の再生に力を注いだ（金秀グループ六五周年記念誌編纂室 ２０１２）。

やがて軍工事ブームが起きると、呉屋は建設業に参入した。また、鋼材販売やアルミ工業にも事業を広げ、今日の金秀グループの礎を築いた。呉屋は建設業（金秀建設）、建設資材販売（金秀鋼材、金秀アルミ）、小売業（タウンプラザかねひで）、健康食品（金秀バイオ）、リゾート施設運営（喜瀬ビーチパレス、恩納マリンビューパレス）、ゴルフ場経営（喜瀬カントリークラブ）などへも進出し、金秀グループを組織した（金秀グループ六五周年記念誌編纂室 ２０１２）。

金秀建設のほかにも、１９４９年に名護町（現在の名護市）にて、南洋土建が設立された。同社は戦前に南洋諸島で飛行場、道路、港湾、橋梁などの建設に携わった比嘉敬栄組の元経営幹部が中心となり、設立された。発起人８名により創設され、テニアン島出身の比嘉廣が社長に就任した。同社は那覇市のガーブ川改修工事や屋我地《やがじ》大橋の再建工事、那覇大橋工事、那覇病院工事、大東島の滑走路工事など、社会インフラの整備を担った（産業新聞社　１９７２）。

また、１９６２（昭和37）年には、宮古島にて下地《しもじ》米一により、大米《だいよね》建設が設立された。陸上運送業の宮古交通を営んでいた下地は、サトウキビ運搬の閑散期にトラックを活用することを目的に、１９６３（昭和38）年頃から副業として土木請負業務に進出した。そして１９６８（昭和43）年に建設部門を併設し、本格的に建設分野へ参入した。同社は沖縄の本土復帰を境に離島の港湾整備が進むと、石垣島、西表島、与那国島、多良間島に生コン工場やプラント工場などを設置し、公共工事を受注した。１９８２（昭和57）年からは本社を那覇市へ移転し、沖縄の代表的な建設業者の一つとなった。大米建設は海運（南西海運）、航空（ヘリエアー沖縄）、観光（沖縄トラベル、オーシャンリゾート宮古島）、飲食（大福フード）、書店（沖縄宮脇書店）などの分野にも進出した。１９９０（平成２）年には米和会を組織し、グループ企業として存在感を高めた（琉球新報編集局政経部　１９９８）。

建築資材の供給

戦後の復興過程では、建築資材が不足した。その資材の供給に奔走したのが金城キク商会であった。同社の歴史は1918（大正7）年に、金城三郎が那覇市旭町に建材商を創業したことにはじまる。金城三郎は沖縄県立師範学校、高等女学校、第二中学校、第一中学校などで教員として勤め、1920（大正9）年から沖縄県会議員を二期勤めた人物であった。1927（昭和2）年に浅野セメント（現在の太平洋セメント）沖縄県特約販売店を設立し、建材商を営んだ（大嶺ほか 1989）。ところが1928（昭和3）年、金城三郎は50歳という年齢で急逝した。そこで、東京の実践女子専門学校（現在の実践女子大学）に進学していた娘の金城キクが、学業半ばにして家業を継ぐことになった。彼女は父が亡くなる2年前に、母を亡くしたばかりであった。ソテツ地獄の不況下、20歳にも満たない金城は建材商の世界に飛び込むことになった（大嶺ほか 1989）。

金城は父の教えを守り、誠意ある奉仕を信条に、懸命に働いた。社員の支えもあって、店は次第に繁盛した。ところが、沖縄戦の開戦により店は跡形もなく消えた。戦後、金城は沖縄復興のために、建材商を再建することを決意した。1950（昭和25）年、那覇市・神里原に金城商店を設立し戦後復興の建設ブームのなかで、会社は順調に成長することができた。1961（昭和36）年、金城は社名を金城キク商会へと改めた（大嶺ほか 1989）。

金城は戦後復興に尽くし、優れた女性経営者として財を築いた。その財を、彼女は父の家訓「徳を残して財を残さず」という言葉に従い、社会福祉に投じた。彼女は金城報恩会を組織し、共働きの家庭を支援するために、みやぎ原保育園、わかさ保育園を開設したほか、上京した沖縄の女子学生を支援するために、和敬寮を設立した。事業で得た利益を社会に還元し、社会福祉に生涯を捧げた（大嶺ほか 1989)。

1959(昭和34)年には、琉球セメントによりセメントも県内で生産されるようになった。琉球セメントの創業者は、大東製糖の宮城仁四郎であった。沖縄でセメント生産が計画されたきっかけは屋部村《やぶそん》(現在の名護市)における産業創出事業にあった。同村では村長の吉元栄真を中心に、村での新たな産業創出の可能性を探っていた。当初は紡績工場の誘致を企画し、琉球政府経済部へ相談した。この時、経済部長であった呉我春信は、地下資源を使ったセメント事業を提案した。この提案にしたがい現地調査を実施したところ、屋部村安和に良質な石灰石が大量にあることがわかった。さらに、工場敷地の条件、原料製品の輸送上の立地、セメント生産に必要な粘土山の近隣など、セメント事業に最適な場であることがわかった(沖縄タイムス社編 1980、琉球セメント 2010)。

そこで、屋部村は西表炭坑の事業を引き継いでいた琉球興発に協力を仰ぎ、事業化に向けて準備を進めた。日本輸出入銀行から融資を受け、会社を設立することを計画した。しかし、琉球政府が外資導入を認めなかったことから、計画が頓挫した。そこで、意見書「沖縄工業の将来」のなかで、沖縄でのセメント工業の有望性を説いていた宮城仁四郎に、事業化への協力を求めた。製糖会社には石灰を焼いて消石灰を作る石灰窯があったが、宮城はジャワ島でこの技術を応用してセメントを作った経験があった(沖縄タイムス社編 1980、琉球セメント 2010)。

屋部村からの依頼を受け、宮城は米国のパーマネント・セメント(後のカイザー・セメント)と資本・技術提携を結び、また琉球開発金融公社から融資を受け、1959年に琉球セメントを設立した。琉球セメントは沖縄唯一のセメント会社として、大きく成長していくことになる（沖縄タイムス社編　１９８０、琉球セメント　２０１０）。

食品製造業の萌芽

１９４７（昭和22）年、豊見城村《とみぐすくそん》（現在の豊見城市《とみしろし》）にて、沖縄興業（現在のオキコ）が設立された。創業者は仲田睦男であった。仲田は１９１０（明治43）年に、伊是名村にて誕生した。父はカツオ漁師で、母がわずかな田畑を耕して生計を支えた。仲田は小学校を卒業後、伯父のもとで1年間働いた後に上京し、書籍関係の仕事に就いた。仲田は働きながら勉強し、何とか進学したが、兵役のために退学せざるをえなかった。兵役を終えた仲田は、１９３３（昭和８）年に台湾に渡って台南州庁に入り、経済統制課係や企業整備係長、勧業課長を歴任した。物資需給関係業務や、工業誘致業務に携わった（嘉島　１９８９）。

台湾で終戦を迎えた仲田は、台湾からの引き揚げ事業を担当し、最後の引揚者として帰郷した。彼は沖縄復興のためには建築資材が必要だと考え、沖縄興業を設立し、瓦やレンガ、ブロックを生産した。やがて住民生活が落ち着きを取り戻すと、１９５３（昭和28）年に事業を食品製造へと転換し、社名をオキコに改めた。那覇市壺川に工場を設置し、ビスケット、キャラメル、乾麺などを生産した。さらには敷島製パンと技術提携を結び、パンの製造にも乗り出した。オキコは菓子、麺、パンといった食品において、沖縄の主要企業となった（嘉島　１９８９、琉球新報編集局政経部　１９９８）。

さらに、仲田は食品業界における事業の多角化を推進した。オキコの乳業部門とアイスクリーム部門を分離独立させて沖縄明治乳業を設立したほか、農作物の生産性拡大を目指す琉球肥料、遠洋漁業の活性化を目的とする海洋水産を設立した。また、仲田は北部製糖を傘下に置き、食品分野における一大グループを形成した。仲田が組織した睦グループは、広く知られる存在となった（嘉島　1989）。

飲料製造業の出現

1957（昭和32）年には、沖縄製造業のシンボル的存在となるオリオンビールが創設された。創業者は具志堅宗精であった。具志堅は1896（明治29）年に那覇市で誕生した。父は刑務官で、母が家業として味噌・醤油業や機織りを営み、生計を立てていた。ところが、具志堅が16歳の時に父が他界し、生活が一変した。生活苦から、具志堅は島尻農学校を中途退学し、田畑を耕して家計を助けた。ただ、慢性不況下の沖縄で、農業で苦境から脱出することは困難であった。そこで、具志堅は大阪に出て造船所の見習工として働き、2年後に沖縄に戻って警察官となった（沖縄タイムス社編　1980）。

具志堅は懸命に働き、宮古署などでの勤務を経て、与那原署、嘉手納署、宮古署、名護署、首里署、那覇署などの署長を歴任した。やがて沖縄戦が開戦すると、彼は住民疎開と避難民保護の役割を担った。しかし、戦争末期の南部戦線では、警察業務を遂行できなくなった。具志堅は真壁村（現在の糸満市）にある轟の壕に避難していた沖縄県知事・島田叡《あきら》のもとを訪れ、警察警備隊の解散許可をとった。そして、自らは3名の部下とともに敵中突破し、北部へ脱して日本本土に沖縄の戦況を伝えることにした（沖縄タイムス社編 1980、具志堅 1965）。

ところが、轟の壕を出て10日目に、具志堅らは首里の繁多川で米兵に見つかった。具志堅は短銃の引き金を引いて自決を試みたが、風雨にさらされた銃は故障していた。自決は未遂に終わった。彼は捕虜となり、収容所に連行された。この出来事の2日後、沖縄県知事の島田、第32軍司令官の牛島満、参謀長の長勇が自決し、沖縄での組織的な戦闘が終結した。終戦後、具志堅は知念地区警察署長を務め、さらに米国軍政府からの命令で、宮古民政府知事（宮古支庁長）に就任した。宮古民政府知事時代には、集団農場の開墾、西表島の船浮原生林の開拓、宮古島内の道路整備、マラリアなどの疫病駆除に力を尽くした（沖縄タイムス社編 1980、具志堅 1965）。

1950（昭和25）年、群島政府機構法が施行され、群島政府知事と議会議員の公選が規定されると、具志堅は宮古民政府知事としての任期を終えた。そして、沖縄本島に戻り、弟の具志堅宗発がはじめた醤油醸造会社をともに経営することにした。具志堅は首里での工場建設計画書をもって琉球銀行を訪れ、建設資金ならびに運営資金の融資を受けた。首里に工場用地を購入し、具志堅醤油合名会社（現在の赤マルソウ）を創設した。当時、沖縄産の醤油は品質が低く、不評であった。千葉県に本社を置く野田醤油のキッコーマンが、沖縄の市場を独占していた。具志堅は新工場で高品質な製品づくりに取り組むとともに、販路拡張を試みた（沖縄タイムス社編 1980）。

ところが、沖縄では島内産品は「しまーぐゎぁー」と呼ばれ、低品質のものとして見下されていた。具志堅は販売に苦労した。彼は知事であった平良辰雄や、米国民政府経済局次長のオグレスビーに、島外産品の輸入禁止を働きかけた。醤油は産業保護措置の対象となり、輸入規制がかけられた。輸入禁止措置は問屋などの反発によりまもなく解除されたが、代わりに物品税を課すことで、輸入制限をかけた。この間に、具志堅は品質の高い製品をつくり出したが、しまーぐゎぁーのイメージは払拭できず、消費拡大につながらなかった。製品開発・生産よりもむしろ、しまーぐゎぁーのイメージ向上と、それによる市場開拓ならびに販路拡大が、経営上の重要な課題であることに気づいた。具志堅は琉球政府行政主席の比嘉秀平との意見交換のなかで島内産品愛用運動を提案し、行政の支援を仰いだ（沖縄タイムス社編　１９８０、具志堅　１９６５）。

その一方で、１９５６（昭和31）年に具志堅は弟の宗発から、ビール製造の提案を受けた。赤マルソウの事業は醸造業であり、ビールと技術的な関連性があった。ただ、当時の技術レベルから考えれば、沖縄でのビールの製造は不可能であった。弟からの提案に対し、具志堅はこの難事業に取り組むことにした。彼は沖縄の人々が自立心に欠け、積極果敢な精神を失っているように感じていた。そこで、自らが難事業に取り組むことで、ウチナーンチュでも大きな事業を興すことができるという誇りと自信を植え付けようとした。こうして、具志堅はビール会社設立に動いた。この時、彼は60歳であった（沖縄タイムス社編　１９８０、具志堅　１９６５）。

具志堅は米国民政府の民政官パージャー、銀行課長カーピントン、オグレスビーに計画を打ち明け、支援の約束を取りつけた。島外からのビールの輸入規制を前提に、琉球銀行ならびに琉球開発金融公庫から、工場の建設資金ならびに機械購入資金の融資許可をえた。そして、発酵・醸造に関する世界的権威である東京大学教授の坂口謹一郎から指導を受けるとともに、キリンビール元工場長の坂口重治を紹介してもらい、沖縄におけるビール製造の可能性について調査した。その結果を受け、具志堅は名護市に工場を建設することを決めた。社名をオリオンビールとした。機械設備を据付け、技術者を日本本土から招聘して生産に着手した。気候風土の違いから、ビールづくりは難航したものの、社員が不眠不休で開発に取り組み、ようやく完成した。1957年5月17日、オリオンビールは初めて商品を出荷した（沖縄タイムス社編 1980、具志堅 1965）。

発売直後、代理店からビールの注文が殺到したものの、すぐに売れ行きが鈍った。味に関する不満の声があった。また、キリン、アサヒ、サッポロ、ハイネケンなどの輸入ビールとの販売競争に巻き込まれた。当初、民政官のパージャーから輸入規制の約束を取りつけていたものの、同氏が更迭されたことで、約束が反故にされた（沖縄タイムス社編 1980、具志堅 1965）。

輸入規制が望めなくなったなかで、具志堅はビールの販路拡大に乗り出した。那覇の歓楽街にある飲食店を社員とともに手分けしてまわり、必死の思いで販売攻勢をかけた。この時、具志堅は胃潰瘍の手術を受け、胃の3分の2を切除したばかりであった。命を削る思いで、地元産品の普及を目指した。こうしたなか、名護工場ではビン詰めの生ビールの開発に成功した。ビン詰め生ビールは好評で、また1本につき2セントの販売奨励をつけたことで、売上が急激に伸びた。これと同時に、具志堅は代理店制度を見直し、オリオンビール販売を設立して販売体制を再編した。販売機構の体質改善を試みた（沖縄タイムス社編　1980、具志堅　1965）。

米国民政府もオリオンビールの支援に乗り出した。高等弁務官のキャラウェイは、米国第3位のビール会社であったフォルスタッフに調査団派遣を依頼し、技術、経営、品質改善などに関する助言を行わせた（沖縄タイムス社編　1980、具志堅　1965）。

ビール事業以外にも、具志堅は1956年に天ぷら油などを製造・販売する琉球製油、1959（昭和34）年にアスファルト・コンクリートを製造・販売する琉球アスファルト工業、1961（昭和36）年にコルゲート歯磨き、ジレット剃刀などを輸入・販売する全琉球商事、1963（昭和38）年に米の輸入・販売を展開する赤マルソウ商事を創設した。そして、オリオンビールを中心に、グループ企業各社が加盟する琉鵬会を組織した。具志堅宗精は國和会の國場幸太郎、大扇会の大城鎌吉、琉展会の宮城仁四郎とともに、沖縄財界四天王のひとりに数えられた（沖縄タイムス社編　1980、具志堅　1965）。

オリオンビールは沖縄のビール市場において約8割のシェアを占め、沖縄製造業の中心的な存在となった。しかし、その後は消費者嗜好の変化に対応できず、市場シェアを落とした。ビール市場を巡る競争が激化するなか、オリオンビールは2019（平成31）年に野村ホールディングスと米国の投資ファンド・カーライルの資本を受け入れた。同年3月にTOB（株式公開買い付け）が成立し、野村とカーライルがオリオンビール株の92・75％を取得した。オリオンビールはファンド傘下で経営再建を試みることになる。

3　本土復帰と新たな歩み

アメリカ世から再びヤマト世へ

米国統治下の沖縄では、企業の新規設立が相次いだ。戦前にはなかった企業や産業が、地元資本により創出された。その創設者たちは公職にあったものや、若い技術者、女性経営者など多様であった。産業分野も製造やサービスなどで、戦前にはなかったものが誕生した。ただ、高度経済成長を経験した日本本土と比べて沖縄の経済成長・発展の水準は低く、社会インフラの整備も遅れていた。島嶼地域を潤す産業の創出が、課題として残された。

一方、市民生活では米軍ヘリコプターからのトレーラー落下による小学生圧死事故、石川市（現在のうるま市）の宮森小学校へのジェット機墜落事故、その他の米軍人・軍属による事件や事故などの問題が頻発した。さらには、ベトナム戦争（1955～75年）の勃発により、沖縄から戦略爆撃機や原子力潜水艦が出撃すると、米国民政府に対する批判の声が上がった。抗議活動としての島ぐるみ闘争が展開され、次第に、日本への祖国復帰を望む声が高まった。1960（昭和35）年に沖縄県祖国復帰協議会が結成され、住民の意思を示す動きが生じた。

このようななか、ベトナム戦争の長期化・泥沼化により、米国がアジアにおける軍事政策を見直しはじめた。また、日本本土においては国民の中から、沖縄返還運動が展開されるようになった。1965（昭和40）年、首相であった佐藤栄作は「沖縄が復帰しない限り、日本の戦後は終わらない」と発言し、日米両政府間で沖縄返還に向けた交渉を進めた。こうして、1972（昭和47）年5月15日に沖縄が返還されることが決まった。[5]

沖縄の本土復帰決定の報道は、経済界に大きな衝撃を与えた。米国統治下の沖縄では、日本企業は外国資本であり、沖縄で事業を営むためには免許を取得する必要があった。しかし、本土復帰により、沖縄市場が開放されることになった。沖縄の政治、経済、社会、文化的な環境は、再び大きく変わることになった。企業経営者たちは新たなる環境変化をそれぞれの立場や視点で受け止め、対応していくことになる。また、新たな時代に生まれた若い世代からも、ビジネスを立ち上げる動きが生じることになる。

ホテル産業の発展と沖縄観光

本土復帰後、沖縄の新たな産業として注目されたのが、観光であった。沖縄観光の歴史は、戦前に那覇と大阪、鹿児島、台湾・基隆、中国・大連を結ぶ航路が開設されたことにはじまる。1936（昭和11）年には那覇市長を会長に沖縄観光協会が設立され、観光産業の開発が進められた。しかし、ソテツ地獄の長期不況にあった沖縄は観光地としての魅力に乏しかった。やがて戦時色が強まると、観光客が途絶えた（那覇市市民文化部文化財課 2013）。

戦後、沖縄での観光産業の機運が高まるが、その先鞭をつけたのがホテル業界であった。そのホテル業界において中心的な存在となったのが、沖縄ホテルであった。創設者の宮里定三は1911（明治44）年に、羽地村（現在の名護市）にて誕生した。1930（昭和5）年、宮里は兵庫県神戸市にて、えびす屋旅館を経営していた叔父の宮里貞寛に誘われて神戸へ渡り、学校へ通いながら宿泊業について学んだ。やがて戦時色が濃くなり、沖縄に上級クラスの軍人が訪れるようになると、その滞在先として国際級のホテルが必要になった。県知事からの要請を受け、叔父の宮里貞寛は沖縄でのホテル建設を決断し、宮里を沖縄に帰した。宮里は沖縄に戻ると、県知事の協力を得ながら、沖縄唯一の貴賓ホテルとなる沖縄ホテルを創設した。那覇市波の上で開業した沖縄ホテルには、三笠宮殿下、朝鮮王朝の李王殿下、タイ国のワン・ワイ・タヤコン殿下、総理大臣の東条英機など、国賓や要人が宿泊した。沖縄ホテルは1943（昭和18）年に軍司令部の命令で六師団指定のホテルとなり、参謀会議室として使われた。そして沖縄戦に突入すると、米軍からの爆撃を受け、ホテルは跡形もなく消え去った（沖縄タイムス社編 1981b）。

戦後、沖縄の復興が進むと、次第に娯楽の需要が高まった。大城組社長で、映画配給会社・琉球映画貿易の社長でもあった大城鎌吉が日本本土から日本舞踊家を招こうとするが、一団を宿泊させるだけの水準にあるホテルがなかった。そこで、大城は宮里に沖縄ホテルの再開を依頼した。1951（昭和26）年、宮里は那覇市安里にあったレンガ造りの民家を借り、急ごしらえのホテルをはじめた。沖縄ホテルの再開であった。やがて、宮里は那覇市の旅館業者とともに那覇市ホテル旅館組合を設立し、本土視察を行うなどして、沖縄観光の可能性を模索した（沖縄タイムス社編　1981b）。

1959（昭和34）年、沖縄タイムス社が文藝春秋と共同で「文春講演」を開くと、著名な作家や評論家が沖縄を訪れ、沖縄ホテルに滞在するようになった。池島信平、源氏鶏太、今　東光、石原慎太郎などであった。彼らにより、沖縄の事情が日本本土に伝えられた。東京大学の総長であった茅　誠司は、沖縄のことを考えつづけることを、沖縄病と呼んだ。沖縄病という言葉が知られるようになると、やがて観光のために来島する人々が増えた（沖縄タイムス社編　1981b）。

また、日本の戦後復興が進むにつれ、沖縄を訪れるものが増えはじめたが、その多くは沖縄戦で身内や知人を失くした人々であった。地域単位の団体で慰霊に訪れた。

こうした動きをみて、1968（昭和43）年に米国民政府は沖縄のホテル業者や旅行業者を国民指導員としてハワイや米国本土に派遣し、観光業に関する調査・研究を行わせた。視察を通じて沖縄観光の可能性を感じ取った宮里は、ハワイにならって、かりゆしウェアの原型となる「おきなわシャツ」を沖縄三越とのタイアップで発売した。また、沖縄の本土復帰後には、沖縄県旅館環境衛生同業組合を結成したり、沖縄県観光連盟の会長に就任したりするなどして、観光産業の発展に力を尽くした。宮里は「沖縄観光の父」と呼ばれた（沖縄タイムス社編　1981b）。

沖縄が本土復帰を果たすと、日本本土からはパスポートやビザなしで来県できるようになった。1973（昭和48）年に、パシフィック観光産業がパシフィックホテル那覇、同年大扇会系の首里観光がホテル日航グランドキャッスルを設立し、大規模な都市型ホテルが誕生した。さらに1975（昭和50）年に國和会系のムーンビーチがホテル・ムーンビーチを、1987（昭和62）年にホテルなは（2003年に、かりゆしに名称変更）が、かりゆしビーチリゾート恩納を、1999（平成11）年に國和会系の名護国際観光（2002年にザ・テラスホテルズに名称変更）が、ザ・ブセナテラスなどを設立し、大型リゾートホテルが次々と誕生した。地元資本企業のほかに県外資本、外国資本によるホテルの進出も相次いだ。海洋観光という、新たな沖縄観光の姿がつくられた（山内・上間・城間 2013）。

観光市場の出現と県外市場への進出

観光客の増加を機会に、県外出荷が増えた商品もあった。その一つが上間菓子店の「スッパイマン」であった。同社の創業者・上間信治は今帰仁村出身の両親のもと、1937（昭和12）年に大阪市西淀川区にて誕生した。上間は幼い頃に母を亡くし、父がその後に再婚するも、沖縄戦の激戦のなかで継母と兄弟・姉妹を亡くした。戦後、上間は中学校を中退し、パン屋や菓子店に住み込みで働いた。そして1967（昭和42）年に独立し、那覇市浮島の道路沿いで、菓子問屋をはじめた（株式会社上間菓子店 2008）。

沖縄が本土復帰を果たすと、県外の大手菓子問屋から本土大手メーカー製の菓子が大量に流れ込み、菓子市場が拡大した。これに合わせて、上間の二次菓子問屋も潤った。しかし、それもわずかの間であった。本土の菓子業者が県内の流通改革を進めてスーパーマーケットや大型店に納品するようになると、二次菓子問屋は中抜きにされた。上間は苦しい経営状況に置かれた（株式会社上間菓子店 ２００８）。

このような状況を打開するために、上間が注目したのが台湾産の乾燥梅であった。乾燥梅は沖縄の子供に人気の駄菓子であったが、発がん性物質の人工甘味料が使われていたことから、輸入禁止となった。そこで上間は１９７８（昭和53）年頃から、自宅の台所で安全な乾燥梅の開発を進めた。試行錯誤を重ねるなかで、カネボウ食品の沖縄担当営業社員から、天然甘味料のステビアを紹介された。ステビアはパラグアイ原産の植物から抽出された甘味成分であった。上間は那覇市内で宿泊所を経営していた台湾出身者を介して台湾の乾燥梅工場を訪ね歩き、乾燥梅の製造方法を学ぶとともに、梅の輸入契約を結んだ。そして、那覇市国場に工場を建て、ステビアを使った乾燥梅の生産に着手した。菓子問屋から転業し、菓子製造に力を注いだ（株式会社上間菓子店 ２００８）。

乾燥梅の売れ行きは上々であった。子供の駄菓子として、人気商品となった。やがて観光客の増加とともに、県外客からの人気も高まった。乾燥梅のスッパイマンは沖縄ブランド商品として認識された。さらに、２０００（平成12）年に有名タレントがテレビ番組内でスッパイマンを紹介すると、注文が殺到した。同社の売上の約８割を、関東をはじめとする県外市場が占めるようになった（株式会社上間菓子店 ２００８）。

新たな産業創出に向けて

沖縄では、観光に並ぶ新たな産業の創出が模索された。その可能性を見い出されたものの一つが、情報・通信技術産業（以下、ＩＴ産業）であった。沖縄の産業発展において大きな問題として認識されたのが、立地であった。海に囲まれた小さな島は大消費地である都市から遠く離れており、規模の経済性を追求する必要がある製造業の創出に不利な環境にあった。これに対し、ＩＴ産業はデジタル情報を扱うことから、物理的な距離を克服できる可能性があった。またこの時期、ドットコム・バブルが発生しており、世界的に成長が期待された産業分野であった。１９９８（平成10）年、沖縄県が沖縄県マルチメディアアイランド構想を発表した。コールセンター業務から事業を開始し、次第にコンテンツ製作やソフトウェア開発へ進展することが計画され、県外からの企業誘致活動がなされた（七尾　１９９９）。

こうしたなか、１９９８年に設立されたのがレキサスであった。同社の創業者である比屋根隆は、沖縄国際大学商経学部に在学中の１９９７（平成９）年にソフトウェア開発会社の設立に参加し、翌年のレキサス設立後に社長に就任した。世界的に、ソフトウェア開発分野では労働コストの低い国に業務を委託するオフショアが行われていた。しかし、比屋根は下請け業務に甘んじることなく、世界を相手に付加価値の高い独創性をもったソフトを開発することを目指した。そうすることで、沖縄の経済的自立に結びつけようとした。ＩＴ分野で、レキサスは日本で初めての本格的なウェブコラボレーションサービス「チームギア」を発表するなど、コミュニケーションサービス分野で存在感を示した。やがて、ＩＴ分野でクラウド化やモバイル化が進むと、レキサスは技術変化に合わせて企業向けクラウド環境の提供や、携帯端末向けのアプリ開発を主要な事業とした[6]。

一方で、比屋根は沖縄におけるＩＴ人材の育成にも力を注いだ。２００７（平成19）年、比屋根は沖縄のＩＴ関連企業と共同で、民間主導プロジェクト「ＩＴフロッグス」（２０１２年に琉球フロッグスへ改名）を立ち上げた。彼は県内の学生をＩＴ産業の中心地である米国のシリコンバレーに派遣し、グーグルやアップルなど世界的な企業を視察させた。さらに帰国後に４カ月の実務研修を行うことで、若い人材を育てようとした。フロッグスはカエルという意味だが、その名称には井の中の蛙にならず、大海に飛び出して欲しいという願いを込めた。米国で企業家精神を学ばせ、沖縄から世界を変える企業を創出することを目指した[7]。

このほか、創造性が求められる分野で注目された企業に、医薬品開発のレキオファーマがある。同社の創業者である奥キヌ子は、１９４６（昭和21）年に糸満市にて誕生した。早くに両親を亡くした奥は、自立することを強く意識した。彼女は琉球大学農家政工学部在学中に台湾へ留学するが、経済的自立を果たした台湾と沖縄を比較し、沖縄経済の自立を自らの課題として意識するようになった。奥は新たな事業を興す資金をつくるために、那覇市内で高級クラブを営み、事業機会を探った。

１９８９（平成元）年、奥は大学時代の先輩から、痔によく効く薬が中国にあることを知らされた。痔の注射薬「消痔霊」は、硫酸アルミニウムカリウムを主成分とし、１９７０年代から中国で使用されていた。痔に悩む友人に頼んで治療を受けてもらったところ、高い効果を確認できた。奥は高付加価値で輸送コストの低い製薬を、沖縄の新たな産業に育てることを決意した。彼女は周囲の反対を押し切り、１９９１（平成３）年に知人７名とともに、中薬研（レキオファーマの前身）を設立した。そして、消痔霊の中国以外の国での製造・販売権を取得し、事業化を目指した。

消痔霊には、長期保存すると成分が沈殿し、効き目が安定しないという欠点があった。奥は実験器具を自宅に持ち込み、また専門書を読みあさって、成分が沈殿しない条件を探った。添加物の濃度を一つずつ検証し、高温の環境下で試験管を振り続けた。やがて、成分が沈殿しない条件をつきとめることに成功し、安定性を高めた製造法に関する特許を17カ国で取得した。

ただ、医薬品開発には膨大な費用がかかった。億単位の資金を投入し続ける必要があった。奥は私財やクラブ経営の利益を研究開発費につぎ込んだ。やがて、１９９５（平成７）年にタケダグループの吉富製薬（現在の田辺三菱製薬）との共同開発が決まると、同社から資金やノウハウを得ることができた。臨床試験を経て、新薬は２００４（平成16）年に厚生労働省から認可を得て、販売できるようになった。日本のベンチャー企業が開発した医薬品が厚生労働省から販売許可されたのは、レキオファーマが初めてであった。薬には「ジオン」という名がつけられた。ジオンの発売により、これまでは手術で切除しなければならず、また1～2週間の入院が必要であったイボ痔が、日帰りで、大きな痛みをともなうことなく治療できるようになった。[8] その後、レキオファーマでは伝承医薬の研究と、沖縄産の植物を活用した機能性食品の開発に取り組んでいる（日経ＢＰマーケティング ２００５）。

また、この時代に注目を集めた企業に、音楽業界のハイウェーブがある。同社は沖縄でコンサートやイベントを企画・製作・運営するPMエージェンシーが立ち上げたインディーズ系レコード会社であった。インディーズとは、日本レコード協会に加盟せず、独自にCDを製作・販売するものである。業界大手であるメジャーとは異なり、小規模であるが、個性的なアーティストを輩出している。1990年代からタワーレコードなどのレコード店がインディーズコーナーを設けたほか、東京に拠点を置く原楽器店のようにインディーズ専門卸が誕生したことで、インディーズ系レコード会社の立ち上げが活発になった。ハイウェーブもこのような環境変化のなかで設立された。

ハイウェーブが注目されたのは、浦添高校出身の男性3人組グループ「モンゴル800」が、2001（平成13）年にリリースしたCD「MESSAGE」でインディーズ初のミリオンヒットとなり、メジャーを凌ぐ売上げを記録したことにある。強烈な音楽的個性を持ったモンゴル800は、コンサート・プロモーターの間で知られた存在であったが、タワーレコード那覇店でお薦めとしてCDが店頭に並べられ、イベントなどが開催されたことで、全国的な知名度が高まった。「MESSAGE」は270万枚以上の販売を記録した。東京のような大都市ではなく、地方からも聴衆の心をつかむ音楽ができることを証明した。また、沖縄の日々の暮らしに根づいた音楽に対する普遍的な共感の可能性も示した[9]（増淵　2005）。

歴史からみえてくるもの

以上のように、歴史的にみて、沖縄は孤立した島ではなく、大きな国際交流の舞台となってきた。さまざまな国や地域との関わりのなかで、政治・経済・社会・文化的な環境の変化を経験した。こうした環境変化を、人々は寛容性を持って受容した。

人々を取り巻く環境が変わるなかで、経営者たちは地域の内外から資源をみつけては事業化を試みた。資源のなかには、物的価値だけではなく、社会的・文化的な価値を有するものも含まれていた。こうした資源を組織的な創意工夫というプロセスを経て、経済的価値へと転換することを試みた。

一方で、地域社会への貢献を含めた経営活動に、人々を駆り立てた価値基準も存在した。「命どぅ宝」「ちむぐくる」「ゆいまーる」といった、価値観であった。これらのものは意識的に、あるいは無意識のうちに経営者の理念や哲学のなかに埋め込まれ、実際の経営のなかに投射された。普遍性をもった理念や哲学は、経営の質を向上させ、経営資源を活用するプロセスを高度なものにした。それが個々の企業の個性や競争力、社会的存在意義といったものを形成した（安室 2012）。

また、沖縄の業界・企業発展の歴史を振り返ると、沖縄はグローバル・ネットワークを有するとともに、グローバルなマインド・寛容さを内包する場であったことがわかる。それは生き残っていくための選択のなかで培われたものであったが、結果的にそれが沖縄企業のイノベーションを促進するものとなった。こうした特徴を背景に、人が主体となって創造的に事業を生み出し、持続的なイノベーションへと向かわせ、そして時には破壊的なイノベーションを起こした。こうした活動の積み重ねが、今日の沖縄の発展の礎を築いたのである。

本章での概要的な歴史知識をもとに、次章以下では、より具体的に個別企業の事例をみていこう。

[注]

1　１６０９（慶長14）年の琉球侵攻以降、琉球国は表面上独立国であったが、実質的に薩摩藩の管理下に置かれた。１８７２（明治５）年になると、琉球国王・尚泰が明治天皇より「琉球藩王」に封じられた。琉球国は琉球藩となり、日本側支配体制も旧薩摩藩から明治政府へと移行した。尚泰へは明治天皇より下賜金が与えられた。また、琉球国が抱える旧薩摩藩への負債も明治政府が肩代わりした。

2　詳細については、タカダグループホームページを参照されたい。http://www.takada-inc.co.jp/gaiyou/takada-ga.html（２０２０年2月6日参照）。

3　詳細については、桃原農園ホームページを参照されたい。https://www.toubaru-nouen.co.jp/（２０２０年3月2日参照）

4　令和元年6月時点での「平和の礎」刻銘者数による。https://www.pref.okinawa.jp/site/kodomo/heiwadanjo/heiwa/7623.html（２０２０年6月23日参照）。

5　１９７０（昭和45）年にＮＨＫが沖縄の住民を対象に実施した世論調査によると、本土復帰を「歓迎する」は54％、「まあ歓迎する」が31％であり、「歓迎しない」は7％であった（河野　２０１３）。

6　詳細については、レキサスホームページを参照されたい。https://www.lexues.co.jp/（２０２０年6月1日参照）。

7　琉球フロッグスに関する詳細については「日本経済新聞」２０１１年9月1日　地方経済面　沖縄九州経済、「日本経済新聞」２０１１年12月14日地方経済面　沖縄九州経済、「日本経済新聞」２０１４年9月6日地方経済面　沖縄九州経済ならびに琉球フロッグスホームページを参照されたい。https://www.ryukyu-frogs.com/（２０２０年6月1日参照）。

8　詳細については、レキオファーマホームページを参照されたい。https://www.lequio-pha.co.jp/（２０２０年6月2日参照）

9　詳細については、「日経流通新聞」２００２年6月2日を参照されたい。

第3章

グローバル企業のもつ経営資源の活用

——食品加工・沖縄ホーメル

1　2つの食品加工企業

沖縄経済の欠陥と第一企業の設立

1959（昭和34）年、中城村当間にて第一企業（後の沖縄ホーメル）が創設された。中城村は沖縄本島中部の東海岸に位置する村であった。農業と漁業を主たる産業としていた。第一企業は、海に臨む、さとうきび畑に囲まれた地で事業をはじめた。同社の創業者は与世山茂であった。彼は、琉球税関長（1953年）、琉球政府駐日代表（1956年）、行政主席官房長（1959年）、政府経済局長（1961年）、琉球開発金融公社理事（1961年）など、琉球政府関連の要職を歴任した人物であった（沖縄タイムス社編 1966）。

彼の経歴からもわかるように、与世山は沖縄の経済問題に強い関心を抱いていた。戦後、沖縄経済は基地収入に大きく依存した。基地建設に関わる建築業、軍人やその家族を対象にした飲食業などが発展した。対照的に、第一次・第二次産業は振興の遅れをとっていた。特に、第一次産業においては、労働人口の46％以上が農業に従事していたのにも関わらず、全産業に占める国民所得の割合はわずか18％に過ぎなかった。そのため、与世山は沖縄経済の欠陥が農家の貧困にあると考えた。彼は農業と結びついた製造業を育成する必要性を感じた（与世山ほか 1963）。

沖縄経済の問題を克服すべく、与世山は自らの構想を実行に移した。彼は地元の畜産物を原材料に、加工食品を作ろうとした。そして、地元農業組合などの協力を得て、第一企業を設立した。第一企業は、貧困の解消、経済発展への貢献を社会的使命とした（財界九州社　２００５）。

第一企業は創設からしばらくの間、加工食品の輸入販売を軸に事業を展開した。米国統治下にあった沖縄では、牛肉を塩漬け加工したコンビーフや、豚肉を香辛料や調味料で味づけしたポークランチョンミートなどの缶詰が流通していた。米軍の余剰物資として広まったこれら缶詰は、沖縄の大衆料理「チャンプルー料理」などに用いられ、日常的に食された。与世山は市場ニーズの高い缶詰の輸入販売に携わりながら、自社生産に向けて準備を進めた。

１９６５（昭和40）年、与世山は工場建設に着手し、翌年より製品を生産した。第一企業では、地元の畜産農家から直接に豚などの家畜を買い入れ、ハム、ベーコン、ソーセージなどの冷蔵品や、ポークランチョンミート、コンビーフハッシュなどの缶詰を生産した。工場では数十名の従業員が働き、機械と手作業による生産が行われた。製品はテスト販売を経て、１９６８（昭和43）年より沖縄本島や周辺離島で販売された。この時、製品には「でいご印」の商標がつけられた[1]。梯梧《でいご》は沖縄に古くから生息する樹木である。その梯梧をトレードマークとすることで、地元産品の証とした。

米国ホーメルの歩み

第一企業の創業時、沖縄の肉類缶詰市場で高い市場シェアを握っていたのが米国のホーメルであった。同社は１８９１（明治24）年に米国ミネソタ州オースチンにて誕生した。創業者のジョージ・Ａ・ホーメル（George A Hormel、以下、ジョージと略す）は、１８６０（万延元）年に米国ニューヨーク州バッファローにて誕生した。両親はドイツからの移民であった。ジョージは幼い頃から新聞配達などのアルバイトをして家計を助けた。父親が経営するなめし革工場が、１８７３（明治６）年に世界恐慌の影響を受けて、倒産したためであった（Geo A. Hormel & Co. 1991）。

　ジョージは学校を卒業してからは、母方の叔父ヤコブ（Jacob Decker）が経営するシカゴの食肉加工会社や、カンザスシティーの羊毛・なめし革会社で働き、現場で仕事を覚えた。そして27歳になると、これまでに蓄えてきた資金や技術をもとに、友人とともに食肉加工会社を設立した。友人とのパートナーシップはほどなく解消されたが、１８９１（明治24）年には自らのファミリーネームと同じ社名の会社、ホーメル（以下、米国ホーメル）を設立した。彼は創設当初には資金繰りに苦労したものの、ハム、ベーコン、ソーセージなどの加工食品を製造・販売し、次第に事業を軌道に乗せた（Dougherty 1966）。

　会社を経営する上で、ジョージが重視したものがあった。「品質」であった。ここでの品質とは、特に「安全性」と「独自性」を指すものであった。具体的に、安全性において、ジョージが徹底したものが衛生管理であった。彼は叔父の食肉加工会社で働いていた時に「衛生的な食品はすぐには腐らない」「不衛生な食品はあっという間に腐ってしまう」ということを学んだ。ドイツ出身の叔父は職人気質の経営者であった。ジョージは叔父の教えを守り、衛生管理に注意した（Geo A. Hormel &

Co. 1991)。

今日でも、米国ホーメルは工場の衛生管理に厳しい企業として知られているが、これはジョージの考えを受け継いだものである。たとえば、同社ではハム加工室、包装室の温度を摂氏4℃に設定している。バクテリアの繁殖が摂氏4℃から高まるためである。米国のUSDA基準が8℃であるから、米国ホーメルはさらに厳しい基準を設定していることになる（末続 1981）。

品質に対するもう一つの考え、独自性において、ジョージが力を注いだものがオリジナル商品の開発であった。ジョージの父ジョン（John George Hormel）は、自らの事業失敗の経験から、他社商品との差別化の重要性を痛感し、その教訓をジョージに強く伝えた。ジョージは父の経験から学び、製品開発に明け暮れた。その結果として生まれた、「スーペリア・ソーセージ」や「ホーメルズ・ワンダフル・ソーセージ」は人気商品となった。これら商品は1893（明治26）年の恐慌時に会社を救うものとなった（Geo A. Hormel & Co. 1991)。

同社のヒット商品のなかで、もう一つ注目すべきものが1926（昭和元）年に発売された「ホーメル・フレーバー・シールド・ハム」であった。これは米国で初めて売り出された豚モモ肉の缶詰であった。缶詰は主にホテルやレストランで利用された。

製品開発を重視する考えは、ジョージの息子・ジェイ（Jay Catherwood Hormel）にも受け継がれた。彼は第一次世界大戦時に従軍した際に、長期保存が可能で、携行性の高い商品へのニーズを発見した。従来の缶詰製品「ホーメル・フレーバー・シールド・ハム」は主に業務用であったために、サイズ・重量とも大きなものであった。ジェイは同製品をベースに小型商品を開発すれば、新たな市場が開けると考えた。彼の着想に基づき、1937（昭和12）年に小型で携行可能なポークランチョンミートの「スパム」が開発された。スパムは破壊的イノベーションとなる商品であった。大衆市場に向けられ販売されたスパムは、ヒット商品となった（Geo A. Hormel & Co. 1991）。

スパムは第二次大戦中には各国の軍隊へ軍事物資として提供された。この時、同商品は軍人だけでなく、一般市民にまで広まった。やがて、イギリス、ハワイ、グアム、フィリピン、韓国など、米軍駐留地を中心に市場が芽生えた。興味深いことに、スパムはグローバル商品であったが、食する時にはそれぞれの食文化に合わせて調理された。たとえば、イギリスではスパム・フリッターが、ハワイではスパムむすびが、韓国ではプテチゲが生まれた。スパムは1959（昭和34）年までに10億缶を販売するヒット商品となった（Geo A. Hormel & Co. 1991）。

2　合弁企業の誕生と企業成長

米国ホーメルの海外戦略と沖縄

米国ホーメルの販売市場は、多くの米兵が駐留する沖縄にも広がった。同社はカリフォルニア工場で生産した製品を、商社を通じて沖縄に輸出した。同社の主力商品の一つである「メリーキッチン・

コンビーフハッシュ」は、1967（昭和42）年時点で市場シェアの90％を占める商品となった(Geo A. Hormel & Co. 1991)。

そうしたことから、米国ホーメルは沖縄での旺盛な需要に関心を寄せるようになった。1968（昭和43）年、同社は外国事業部長であったエルキンス（Howard L Elkins）を沖縄に派遣し、市場調査を行った。米国ホーメルは1955（昭和30）年頃から海外市場の開拓に力を注いでいた。米国内での賃金の上昇や株主からの配当金に対する期待の高まりなどから、国内志向を改め、海外市場に目を向けつつあった。たとえば、同社はアイルランド、カナダ、イギリス、キューバ、ベネズエラでライセンス供与による現地生産をはじめていた[2]。また、1965（昭和40）年には国際ビジネスを担うものとして、ロイド（Lloyd's Industries, Inc. 現在のホーメル・フーズ・インターナショナル）を設立し、同社を通じて、オーストラリアやフィリピンに合弁企業を設立していた(Geo A. Hormel & Co. 1991)。

さて、沖縄において、視察に訪れたエルキンスが目にしたものが、市場に参入したばかりの第一企業であった。エルキンスは第一企業の能力の高さを見抜き、同社との事業提携を検討した。米国ホーメルは海外市場への参入に際しては、新規設立よりもライセンス供与や合弁事業を好む傾向にあった。そのため、沖縄進出においても合弁が選択肢に置かれた。エルキンスはホーメル製品の日本総代理店であった鈴木商店を通じて、第一企業との接触を試みた。鈴木商店は第一企業へコンビーフ用の完成缶を供給していた業者でもあり、双方と接点があった。

鈴木商店からの依頼を受け、第一企業の与世山らは米国ホーメルとの事業提携を検討した。沖縄において、第一企業は食肉加工業界のパイオニアであった。[3] しかしこの時期に、沖縄では本土復帰に向けての機運が高まり、日米間で返還交渉が進められていた。仮に沖縄の本土復帰が実現すれば、本土製品が市場に流入する恐れがあった。本土大手企業は、豚肉や牛肉にマトンや魚の肉を混ぜた低価格商品を販売することで大衆市場を創造し、企業規模を拡大していた。対照的に、第一企業は品質重視の考えから、混ぜものを用いた低価格商品を作っていなかった。また、人口100万人足らずの市場を対象にしてきたために、企業規模は小さかった。本土大手企業に対抗するだけの力を持っていなかった。

このため、米国ホーメルからの事業提携の話は、市場競争のなかで生き残るための好機であった。米国ホーメルの先進的な加工技術、世界的なブランドなどの所有優位を用いることができれば、本土製品に対抗できる可能性があった。そこで、与世山らは鈴木商店を通じて商品サンプルを送り、米国ホーメルの判断を待った。

1969（昭和44）年6月12日、エルキンスが再び来島した。第一企業との事業提携を協議するためであった。沖縄においては、外資の直接投資にかかる規制は日本本土よりも緩やかであった。しかし、市場規模が小さな島であったため、多国籍企業にとって魅力的な地ではなかった。また、米軍への反発が高まっていた場でもあった。そのような地に、米国ホーメルは進出することを決断した。最終的に、米国ホーメルによる直接投資は1969年11月19日に琉球政府から許可が下り、第一企業との資本・技術提携が実現した[4]（琉球政府総務局広報課　1967）。

第一企業への技術移転

投資許可が下りると、米国ホーメルは傘下のロイドを通じて、第一企業に24万ドルを出資した。第一企業は従来の資本金20万ドルに加えて、16万ドルを島内資本によって増資し、36万ドルを出資した。資本は合わせて60万ドルとなった。島内資本60％、ロイド40％の出資比率となった。後に、ロイドはさらに資金を投じ、出資比率を50：50の対等出資にまで引き上げた。

ロイドはホーメルブランドの生産技術を、第一企業に提供した。具体的には、第一企業にてメリーキッチン・コンビーフハッシュ100万缶を輸入代替生産することになった。この計画を実現するために、米国ホーメルからムーア（Wiliam I Moor）が派遣された。彼は1970（昭和45）年に第一企業の副社長に就任し、経営の指揮をとった。

ムーアは米国ホーメルからの生産システム移転を推進した。彼は食品製造部門責任者であったシャーフ（Leon D Vander Schaaf）を沖縄に呼び寄せた。シャーフは数週間滞在し、設備の据付けや製造ノウハウの移転に努めた。生産設備や品質管理手法などは米国本国と同様のものがもち込まれた。たとえば、第一企業では米国ホーメルと同じく工場の低温管理が実施された。管理体制を厳守するために、米国から技師が派遣され、年3回の衛生検査、年1回のレシピのチェック、2年に1度の設備検査が行われた（末続　1981）。

ここでもう一つ特筆すべきことは、この時に品質に関する精神も沖縄の技術者に注ぎ込まれたことである。ジョージが掲げた安全性や独自性に取り組む姿勢や態度といったものであった。現在でも、沖縄ホーメルは「品質こそ生命《いのち》」を社是として掲げているが、これは初期の技術移転時に持ち込まれたものであった。この点の詳細については、後述する。

シャーフが築いた生産設備は、1970年6月に稼働した。生産に必要な材料、たとえばジャガイモ、塩漬けのビーフ、調味料などは、オーストラリア、アルゼンチン、米国の供給業者から調達された。また、製品を詰める缶は東京のメーカーから調達された。琉球工業連合会の調査によると、1970年時点での第一企業の生産能力は年間171万6千キログラムであった。その内訳は、加工品類67万2千キログラム、缶詰類104万4千キログラムであった。売上額に換算すると、総額160万ドルという規模であった。主力のメリーキッチン・コンビーフハッシュの売上げでは、沖縄向けで年間75~80万ドル、東南アジア向けで年間25~30万ドルが見込まれた。第一企業では、ハム、ベーコン、ソーセージといった冷蔵品も生産された（Geo A. Hormel & Co. 1991、琉球工業連合会 1970）。

なお、商品販売のために、新たに沖縄プリミヤー食品販売が設立され、流通チャネルの構築が進められた。第一企業の商品は精肉店に直接販売されたほか、6つの卸売り業者を通じて市場に供給された。日本本土へは第一物商、国分商店を通じて商品が供給された（Geo A. Hormel & Co. 1991、琉球工業連合会 1970）。

マーケティングの強化

１９７２（昭和47）年になると、副社長であったムーアが退陣した。ムーアは生産技術の移転には成功したものの、流通チャネルの構築など、マーケティング分野は得意としなかった。そこで、米国ホーメルはムーアに代わり新たにシュロア（Paul Schroer）を、第一企業に派遣した（１９７６年社長に就任）。

シュロアはかつて、ゼネラルフーズ日本子会社社長（１９６５～１９７０年）を務めた人物であった。彼はゼネラルフーズ日本子会社では、マス・マーケティング技術を駆使し、インスタントコーヒーの市場シェア拡大に成功した。シュロアの手腕により、同社の市場シェアは１９６４（昭和39）年度に10・４％だったものが、１９６９（昭和44）年度には24％となった。しかし、急速な市場拡大政策は流通在庫の増加を招き、価格下落を引き起こした。シュロアは１９６０（昭和45）年9月に同社を退いたが、彼が退社した後に、ゼネラルフーズのインスタントコーヒー市場におけるブランド地位が低下した。１９７２年には同社は14億円の赤字を計上した（桑原　２００５）。

シュロア自身は、ゼネラルフーズ日本子会社を退社後に米国ホーメルへ移籍した。米国ホーメルはシュロアのマーケティング能力に期待し、彼を第一企業に派遣した。米国ホーメルは生産技術については本国本社から人材を派遣し、経営資源の移転に努めた。しかし、マーケティングについては現地市場で人材をスカウトし、市場開拓や流通チャネルの構築にあたらせた。

さて、シュロアが来沖してから間もなく、第一企業は厳しい経営状況に置かれた。オイルショックの影響で、消費が落ち込んだのである。将来の経営を考えた時、経営陣には2つの選択肢があった。一つは、従業員を解雇し、固定費を下げるという方法であった。もう一つは、売上げを伸ばし、経費を吸収するという方法であった。このうち、シュロアが選択したのは後者であった。すなわち、拡大戦略であった。シュロアは食肉加工業界においてはライバル企業が急成長しており、そのスピードに追いつかなければならないことを認識していた。そのため、コスト削減よりも先に、市場シェアを獲得することが重要であると考えた（加藤 1986）。

シュロアは売上げを伸ばすために、日本本土市場への進出を本格化させた。1975（昭和50）年に東京営業所を開設し、翌年に日本最大のスーパーマーケット・ダイエーと提携し、同社の流通経路を通じて商品を販売した。大手企業がひしめく市場の攻略を試みた。シュロアの拡大戦略により、第一企業の売上げは増加した。売上げは1975年に7億円であったものが、1978（昭和53）年には24億4千万円となった。

生産規模の拡大

シュロアは生産能力の拡大にも着手した。1977（昭和52）年6月、彼は米国ホーメルから設計技師を招き、新工場を建設した。シュロアが生産能力の拡大を図った背景には、沖縄復帰特別措置の打ち切りがあった（1977年5月15日）。沖縄では輸入品に対して、5%という低率の関税が課せられていた。しかし、特別措置法が打ち切られ、差額関税が設定されると、輸入品の関税が引き上げ

沖縄ホーメル本社ならびに工場の全景

られることになった。缶詰であるポークランチョンミートに25％、ハム、ベーコンに60～80％の関税が課せられた。

シュロアをはじめとする経営陣は、関税障壁の出現を沖縄での生産拡大の好機と捉えた。そして、輸入代替としてポークランチョンミートの「スパム」を沖縄で生産することを決めた。沖縄は伝統的に食肉需要が高く、一人当たりの肉の消費量は全国平均の約1・5倍であった(1977年時点)。特に豚肉の消費量が多く、一人当たりの消費量は全国平均の約1・7倍であった。古くから養豚業が盛んで、戦後にはハワイ移民から送られた豚により、養豚業の復活をみていた。1975年時点で約20万頭の飼養があった。飼養頭数は増加傾向にあったことから、地元の豚肉を原材料に、スパムを生産することが可能であった（吉田 1978、比嘉 2

001)。

当時、米国ホーメル以外で、沖縄にポークランチョンミートを輸出していた国の一つがデンマークであった。養豚先進国であったデンマークは、豚肉の品質レベルが高く、周辺諸国にベーコンやハムを輸出し、ブランドを確立していた。同国のチューリップ（Tulip Food Service Ltd.）は沖縄に商品を輸出し、高い市場シェアを占めていた。シュロアをはじめとする経営陣は、関税が引き上げられたことで、現地生産でもチューリップをはじめとする輸入品に対抗できると考えたのである。

関税障壁の出現のほかに、畜産公社により加工用原料価格差補填事業が開始されたことも、スパムの生産に追い風となった。同事業は県産豚肉の需要拡大と県民食生活の安定を目的としたもので、県産豚肉を原材料として加工品を製造すると、製造者に補填金が交付された。同事業は1978（昭和53）年に総額2億5000万円で開始された。第一企業、沖縄ハム、アジア畜産の県内企業3社が交付対象となった[5]。このように、第一企業は、関税障壁の出現、補填事業の開始という環境変化に対応し、工場拡張を進めた。1978年には第一企業の生産能力は従来の約4倍になった。新たに現地生産されたスパムは、同社の主力商品となった。

3　拡大路線の継承と強化

多角化による企業成長

1978（昭和53）年からはシュロアに代わり、末続桂吾が会社経営の中心を担った。末続はシュロアがゼネラルフーズに在籍していた時の部下であった。末続は、20代に伊藤忠商事で自動車の輸出入を担当し、30代にゼネラルフーズで統括営業部長、日本ワーナーランバードで事業本部長を務め、その後、第一企業の専務に就任した。シュロアがフィリピンにある米国ホーメル子会社の経営に奔走するようになったことから、次第に末続が第一企業の経営を担うようになった（加藤 1986、末続 1979）。

末続はシュロアの事業拡大路線を踏襲した。特に、彼は原材料の品質向上や販売方法の見直しを図った。たとえば、末続は「沖縄を日本のデンマークにしよう」というスローガンを掲げた。デンマークをモデルに沖縄を畜産王国にすることで、優れた豚肉を確保し、自社の競争能力を高めようとした（末続 1979）。

このようなスローガンに基づき、第一企業は1978年からバローショウを開催した。バローショウとは、肉豚品評会のことである。仔豚を同一飼料・同一環境のもとで105日間飼育し、百キロの

図表３－１　1975-81 年における売上高・純利益・従業員数

年度	売上高（百万円）	純利益（万円）	従業員数
1975	700	7,000	
1976	1,033	5,600	86
1977	1,674	3,323	100
1978	2,440	994	120
1979	2,815	2,413	120
1980	3,547	1,758	179
1981	3,843	198	179

（出所）帝国データバンク『帝国銀行会社年鑑』58～64 版より抜粋し、作成した。

体重に達した時点で枝肉審査を行うものであった。これにより、飼育に適した品種を選び出すとともに、交配を進めて品種改良を行い、養豚レベルを高めようとした。バローショウは総額でおよそ３千万円の費用を投じて、計４回実施された。３千万円という金額は同社の利益額からみてもわかるように、企業体力に比べて大きなものであった（図表３－１）。しかし、末続はスパムをはじめとする豚肉加工品をコア事業に育てるために、必要な投資であると判断した。新たにホーメル畜産を設立し、同社をバローショウの開催をはじめとする畜産事業の担い手とした（末続　１９７９）。

末続は販売戦略の見直しも図った。この頃、第一企業の売上比率は県内が52％、県外が48％であった（１９８１年度推計）。しかし、県外市場は必ずしも旨味のある市場ではなかった。肉類缶詰の普及が進まず、市場浸透のための販売コストがかかっていた。経営努力を重ねても損益分岐点を越えることが難しかった。また、ベーコン、ソーセージ、ハムといった冷蔵品についてもライバル企業との競争が厳しく、利益率が押し下げられた（三輪　１９８３、末続　１９８１）。

そこで、末続は県外市場での缶詰販売を縮小させた。また、冷蔵品についても業務用品や贈答用品の販売に絞り込むことにした。とりわけ贈答品については、同分野に強いカルピスと提携し、カルピス・ホーメルを設立した。ニッチ市場に特化することで、大手企業との差別化を図ろうとした（三輪　１９８３）。

末続がマーケティング戦略を組み立てる上で、拠り所にしていたものがランチェスターの法則であった。学生時代に九州大学で経済学を学んだ末続は、同法則に傾倒し、この考えを独自に用いていた。彼は市場を細分化し、局所で市場シェアを握ることで、大企業の市場を包囲しようと考えたのである（末続　１９８１）。

このように、末続は事業拡大構想を練り上げた。戦略実行のために、関連会社を次々と設立し、事業の分業体制を築いた。第一企業の売上げは１９７５（昭和50）年に7億円だったものが、１９８１（昭和56）年には38億４３００万円へと、大幅に伸びた。従業員数も１９７６（昭和51）年に86名だったものから、１９８１年に１７９名へと増加した（図表３－１を参照）。

経営支配権の獲得

末続の経営のなかでもう一つ特徴的な点は、米国ホーメルが所有する第一企業の株式取得であった。彼は１９８２（昭和57）年に渡米し、ホーメル・フーズ・インターナショナル社長のアスプ

図表3-2　1982-89年における売上高・純利益・従業員数

年度	売上高（百万円）	純利益（万円）	従業員数
1982	4,737	−23,128	179
1983	5,905	10,809	200
1984	7,169	11,928	185
1985	9,173	4,659	185
1986	10,075	4,807	185
1987	9,311	5,252	230
1988	7,345	3,884	230
1989	6,916	1,444	230

（出所）帝国データバンク『帝国銀行会社年鑑』65〜72版より抜粋し、作成した。

(Raymond J Asp) と第一企業への出資比率引下げを交渉した。経営努力を積み重ねても利益の大半が米国に送金されており、そのことに対する不満が現地の中にあったという（加藤 1986)。

拡大路線のなかで、第一企業の売上げは増加した。ところが、利益は売上増加率に比べて増えなかった。実際に、1982年度は2億3128万円の赤字を記録したが、これは過去7年分の累積利益を上回る額であり、財務状況は厳しかった。末続は米国への送金額を減らすことで、内部留保を高めようとした。

末続はアスプと三日三晩にわたり交渉を重ね、対等出資であった出資比率を、沖縄資本75%、米国ホーメル25%とすることに成功した。米国ホーメルは所有していた株式2万株(25%相当) を現地側に譲渡した。このうち1万株を末続が所有し、筆頭株主となった。残り1万株を従業員が引き受けた。同時に1982年には社名を第一企業からホーメルに改めた。米国ホーメルの出資比率は低下したが、ブランドネームをこれまで以上に積極的に用いた（加藤 1986）。

さらに1985（昭和60）年、末続は米国ホーメルとロイヤリティーの引き下げを交渉した。ホーメルは売上代金のうち約3%（主要商品）を米国ホーメルに支払っていた。しかし、そのロイヤリティーは技術料なのか、ブランド料なのかはっきりしなかった。ロイヤリティーの対象となっている商品についても、沖縄で独自に開発した商品もあれば、ノーブランドの商品もあった。そこで全商品およそ100種類を一つ一つ検討し、ロイヤリティーの引き下げを求めた。その結果、年間約7千万円支払っていたロイヤリティーを約5千万円に引き下げることに成功した（加藤 1986）。

こうして1980年代、ホーメルは華々しい時代を迎えた。売上高はピーク時に100億円の大台に乗った（1986年）。従業員数も増え、1987（昭和62）年には230名となった。惣菜販売を主要事業とする若菜屋など、子会社が設立され、売上げはさらに増加した（図表3－2）。

4　経営の誤算

多角化の弊害

1980年代後半、シュロア体制から維持してきた拡大路線の歯車が次第に狂いはじめた。先にも触れたが、ホーメルは1978（昭和53）年からスパムを現地生産した。関税障壁の出現と畜産公社からの助成金が、輸入品に対する競争優位になると考えていた。

ところが、ニクソンショック（１９７２年）にはじまる円高が、関税障壁の効果を薄めた。さらにプラザ合意（１９８５年）により、１ドル２５０円台であった相場が１９８０年代末に１ドル１２０円台まで上昇すると、関税障壁の効果が消失した。

円高に加えて、この時期に畜産公社からの助成金が縮小・廃止されたことも、想定外の出来事であった。１９７８年に２億５千万円の予算でスタートした補填事業は、公社財源が減少したことから、次第に縮小された。１９８５（昭和60）年には補填事業費は７９６６万５４７１円となった。同事業が開始された時の約３分の１となった。最終的に、補填事業は１９８５年度をもって廃止された。[6]

日本とは対照的に、デンマークでは産業保護を目的に、自国企業に対して輸出特別奨励金を与えた。関税障壁により不利な状況に置かれていた同国企業は息を吹き返し、沖縄への輸出攻勢を強めた。

スパムの現地生産は輸入規制や産業保護といった外部要因に依拠し、実施されたものであった。そのため、外部環境が変化したことで、競争優位が失われた。ホーメルは１９８８（昭和63）年に沖縄でのスパムの生産を中止し、米国ホーメルからの輸入に切り替えた。メリーキッチン・コンビーフハッシュと並ぶ主力商品を失った。不運にもこの時、拡大路線のなかで隠れていた問題、すなわちコスト競争力の問題が露呈した。ホーメルは拡大路線のなかで固定費が増大し、景気変動に対する柔軟性を失っていた。

１９９０（平成２）年になると、もう一つ深刻な事態が生じた。子会社が次々と赤字を抱え、資金的に行き詰まったのである。委託養豚のホーメル畜産、弁当・惣菜製造販売のホーメルフーズ、輸入商品の仕入れ・資材調達のホーメル商事が破綻した。ホーメルは約45億円の負債を抱え、経営危機に陥った（財界九州社　２００５）。

この時代の多くの企業が経験したように、ホーメルもまた中心的な事業と関連性の低い事業が増えたことで、収益性が低下した。売上げが伸びているうちは、収益性を犠牲にしても拡大路線を維持することができた。しかし、バブル経済崩壊に象徴される低成長の時代を迎え売上げが減少すると、収益性に目を向けなければならなくなった。本社から隔離し、新たなイノベーションの実現を期待していた事業は失敗に終わった。ホーメルは経営を見直す必要性に迫られた。

危機のなかの舵取り

１９９０（平成２）年、ホーメルは転換期を迎えた。この年、メインバンクである沖縄銀行を中心に、経営再建計画が練られた。沖縄銀行はホーメルの再生のために、琉球協同飼料に支援を求めた。琉球協同飼料は、１９６２（昭和37）年に琉球製糖、琉球農業協同組合連合会、地元農業協同組合が出資し、設立した企業である。地元畜産の振興を使命としていた（琉球協同飼料　１９９２）。

経営危機に直面したホーメルの再建は、琉球協同飼料から派遣された経営陣を中心に進められた。

その具体的な内容は、減資（90％）と増資による財務の改善、不採算子会社の閉鎖、県外の支店・出張所の閉鎖、役員の減俸、経費削減努力、人員削減であった。とりわけ、これまで苦楽を共にしてきた人員を削減することは、経営陣にとって苦渋の決断であった（財界九州社 2005）。

一方で、経営陣は米国ホーメルを強く説得し、資本・技術提携の継続を求めた。経営陣や関係者にとって、米国ホーメルの撤退は避けなければならないものであった。米国ホーメルからの所有優位の移転をなくして、経営の継続は不可能であると判断した。この要請を受け、米国ホーメルは資本・技術提携を維持することを承諾した。

ただし、米国ホーメルは関係継続のためにいくつかの条件を提示した。その条件の一つが、販売エリアの縮小であった。ホーメルの販売市場は日本全国であったが、業務用を除いて、販売市場を沖縄県内にとどめることが求められた。日本本土市場の開拓は、ホーメルがおよそ半世紀にわたり挑み続けた課題であった。米国ホーメルは本社自らがその課題に取り組むことにした。米国ホーメルは2008（平成20）年にホーメルフーズジャパンを東京都渋谷区に設立し、伊藤忠商事との提携のもと、販売強化に乗り出した。

ホーメルは1993（平成5）年1月1日に社名を沖縄ホーメルに改め、再出発を図った。再出発にあたり、経営陣は品質の追求を再建の柱に据えた。経営危機に直面し、原点に立ち戻って考え直したことで、自らの経営の本質というべきものが見えてきた。「品質こそ生命」という経営方針であった。どの時代にあっても揺るがない自身の核となる部分を維持し強化することで、会社の再興を

図表３－３　沖縄ホーメルにおけるクレーム発生件数の推移
（2006年９月～2010年８月）

期　間（年／月）	06/9～07/8	07/9～08/8	08/9～09/8	09/9～10/8
クレーム発生件数（件）	67	29	42	16

（出所）沖縄ホーメル社内資料に基づく。

図った。

たとえば、沖縄ホーメルでは、２００５（平成17）年にＩＳＯ９００１、ＨＡＣＣＰの認定を取得し、外部機関から品質管理体制のチェックを受けた。同社では、従来から米国ホーメルの定期検査を受けていたため、チェック回数がさらに増えることになる。沖縄ホーメルでは複数のチェック体制を敷くことで、管理システムを徹底し、安全レベルの引き上げやモラルの向上を図ったのである。図表３－３はその成果の一端を示すものである。ＩＳＯ９００１、ＨＡＣＣＰを導入した当初のクレーム発生件数は年67件であったが、２０１０（平成22）年時点では年16件へと減少した。

一方、沖縄ホーメルでは、ハム、ソーセージ、ベーコンなどの冷蔵・冷凍食品、コンビーフハッシュ、ビーフシチューなどの缶詰以外にも、新商品として地元の伝統料理をレトルト化して発売した。「なかみ汁」「てびち汁」「軟骨ソーキの煮付け」などといった料理が、独自技術に基づき商品化された。商品開発は、開発部門３名のほかに、製造、営業などの部門から人材を集め、組織横断的に進めた。沖縄ホーメルは現地市場にある食文化を商品開発に結びつけることで、独自性を磨くようになった。本土大手企業やグローバル企業が参入しづらい新たな市場を創造した。なお、沖縄ホーメルの売上比率は、米国ホーメルからの輸入商

図表3－4　1990-2009年における売上高・純利益・従業員数

年度	売上高（百万円）	純利益（万円）	従業員数
1990	N.A.	N.A.	N.A.
1991	4,319	N.A.	N.A.
1992	3,580	N.A.	N.A.
1993	3,861	9,859	170
1994	3,761	25,000	N.A.
1995	3,668	24,200	N.A.
1996	3,908	46,135	110
1997	3,962	-39,060	101
1998	3,979	14,600	110
1999	4,041	23,051	110
2000	3,810	4,400	110
2001	3,900	9,000	110
2002	3,956	3,649	110
2003	4,142	11,315	90
2004	4,570	6,856	91
2005	4,504	10,018	91
2006	4,462	700	91
2007	4,433	6,010	86
2008	4,802	7,300	82
2009	4,834	26,686	79

（出所）帝国データバンク『帝国銀行会社年鑑』76～91版より抜粋し、作成した。
2009年度については沖縄ホーメル『第47期決算報告書』より抜粋し、作成した。

品42・5%、沖縄ホーメル製商品42・7%、その他商品（OEM）14・8%となった。[7] 同一組織内で、破壊的なイノベーションの実現が模索されたのである。

経営再建を進めることで、沖縄ホーメルは経営の自信を取り戻しつつある。図表3－4は経営再建後の経営状況を表している。最盛期に比べて、売上高は約半分に、従業員数は3分の1に縮小したものの、利益を確保できるようになった。

沖縄ホーメルが、およそ半世紀にわたり抱えていた経営課題は、日本本土市場の開拓と、競合企業との競争であった。シュロアや末続らはマーケティング技術を駆使し、課題克服を試みた。また、彼らは関税障壁の設定や助成金制度の開始といった外部環境への変化に対応し、ビジネス・システムの構築を試みた。しかし、外部環境への適応は必ずしも長期的な競争優位の構築に結びつかなかった。前提条件が崩れると、競争優位が消失した。

一方で、何を継承し変えてはならないのかを顧みた時、沖縄ホーメルにとって経営の本質といえるものは品質へのこだわりであった。衛生面における高いレベルでの安全性の実現や、地元の伝統や文化に根ざす知の探索と活用を通じた独自商品の開発といった、企業内部的な要因が競争優位の構築に結びついたのである。

［注］

1　沖縄ホーメル「会社案内」。なお、沖縄県公文書館に、１９６６年12月29日に撮影された第一企業の映像フィルムが残っている。「ＴＶウィークリー　沖縄の農業（第１企業）」（１９６６）（沖縄県公文書館所蔵 資料コード０００００８７００７）。

2　１９７０年代には台湾、韓国、パナマにおいてもライセンシングや合弁での進出がなされている。

3　沖縄において戦後初めて設立された食肉加工企業は琉球豚肉缶詰株式会社であった（１９５７年）。その後、１９５９（昭和34）年に第一企業、１９６５（昭和40）年にアジアハム、１９７７（昭和52）年に沖縄ハムが設立された。

4　本土復帰が具体性を帯びていくにつれて、外資規制の緩い沖縄へ駆け込み的な投資が相次いだ。特に１９６９（昭和44）年は沖縄への直接投資が急増した年であった（琉球銀行調査部 １９８４）。

5　２０１０（平成22）年７月16日に沖縄県畜産振興基金公社よりいただいた回答に基づく。

6　２０１０（平成22）年７月16日に沖縄県畜産振興基金公社よりいただいた回答に基づく。

7　沖縄ホーメル社内資料に基づく。

第4章

負の遺産の転換と地域振興

——鉄鋼・拓南製鐵

1　拓南製鐵誕生の前夜

八重山農学校での経験

1956（昭和31）年、那覇市にて拓南伸鉄（後の拓南製鐵）が設立された。創業者は古波津清昇であった。古波津は1923（大正12）年に東風平村《こちんだ》（現在の八重瀬町）世名城《よなぐすく》にて生まれた。生家は農家であり、村のなかで資産家の一つに数えられる家であった。彼は地元の尋常高等小学校を卒業後、1937（昭和12）年に石垣島にある八重山農学校へ進学した。古波津は幼少期にポリオに罹患しており、左足に麻痺が残っていた。そのため、軍事教練に支障があるとの理由で、進学を希望していた沖縄県立農林学校に進学できなかった。仕方なく、入学を許された八重山農学校へ進学した（琉球新報 2008）。

ただ、この進学の決断は、後年の企業経営に大きな影響を与えた。1937年3月に設立された八重山農学校は、先島で唯一の農業者養成教育機関であった。八重山は広大肥沃でありながら未開墾の地であった。その地の開拓者を養成することが、同校の設立目的にあった。初代校長には伊江島出身で、鹿児島県立市来農芸学校の教諭であった島袋俊一が就任した。島袋は後に琉球大学の5代目学長に就任する人物である。八重山農学校校長就任時は34歳という若さであった。

島袋は「農を以って人と為す」を教育理念として掲げ、生徒と共に隆起珊瑚礁からなる地をハンマーとツルハシで切り拓き、実習農場を作り上げた。未開墾地実習鍛錬を通じて、生徒に新たなものを創り出すことの重要性や、不撓不屈の精神を教えた。また、彼は座学だけの教育を好まず、生徒を野外に連れ出し、現地で草木の生態や分布状況などを教えた。理論と実際の一致を重視する教育を行った（八重山農林高等学校　１９８８、記念誌編集委員会編　１９８８、琉球新報　２００８）。

古波津は八重山農学校において、開拓者精神、不撓不屈の精神、現場の重要性、教育方法を学んだ。こうした個人的な経験は、後年の企業経営に反映されることになる。

沖縄戦の体験と起業

古波津は１９４０（昭和15）年に八重山農学校を卒業すると郷里に戻り、地元・東風平村の農会技手に、その半年後に沖縄県の農会技手になった。日中戦争のさなか、農会に課せられた職務は食糧増産であった。古波津は県内の農村をまわり、農業や食糧確保に関する指導にあたった（琉球新報　２００８）。

しかし、太平洋戦争に突入し、１９４４（昭和19）年10月10日に那覇市一帯が空襲を受けると、農会事務所が焼失した。さらに地上戦に突入すると、業務が停止した。古波津は父親らとともに地元の八重瀬岳に壕を掘り、そこに身を隠した。八重瀬岳には日本軍が防御陣地を築いていたことから、周囲で激しい戦闘が繰り広げられた。古波津はこの戦いで多くの命が奪われる場面に遭遇するとともに、親族や知人を失った[1]。

戦後、古波津は沖縄本島北部に疎開していた東風平区民の帰還事業に従事し、その後は1946（昭和21）年12月に農事試験場に復職した。ひめゆり学徒隊の生き残りであった屋宜桂子と結婚し、完成したばかりの官舎で新たな生活をはじめた。多くの住民がテント生活を送るなか、官舎での生活は比較的に恵まれていた。

ところが、古波津は間もなく農事試験場を退職し、実業家へと転身した。彼は当時の心境を次のように語っている。「農試場は一年足らずで辞めることにした。それは、多くの県民が食糧不足に苦しんでいる時代に、私たちだけがぬくぬくと生活を続けることを申し訳ないと思ったからだ。真っ先に住民の先頭に立って、食糧不足を解消することが生き残った者の責務と決心して食品工場を計画した」（琉球新報　２００８）。

戦時・戦後の住民生活を目の当たりにし、古波津は郷土への貢献を意識した。彼は恵まれた生活を捨て、実業家として生きる道を選んだ。八重山農学校で学んだ開拓者精神や不撓不屈の精神が、新たな行動を促す力となった。

食品事業への参入

事業をはじめるにあたり、古波津は精米所の開業を試みた。戦後、食糧確保のために稲作が再開されたが、精米所が不足していた。数少ない精米所に人々が長時間並んで待っており、無益な時間を費やしていた。古波津はこうした問題の解消を図ろうとした。１９４７（昭和22）年、彼は事業資金を借り入れ、精米に必要となる機械やエンジンを知人に頼んで調達した。精米所を足掛かりに、食品加工へと事業を拡大することを計画した（古波津　１９９０）。

ところが、この事業は上手くいかなかった。設置した機械やエンジンの調子が悪く、精米できなかったのである。やがて客足が遠のき、事業は失敗した。不運にもこの時、古波津はマラリア熱に感染し、生死の境をさまよった。借金の返済と病という二重の苦しみを味わった。自らの命を絶つことを何度も考えたが諭されて思いとどまり、事業再建の道を模索した（古波津　１９９０）。

状況を打開するために古波津が考えたものが、とうもろこしの製粉事業であった。当時、とうもろこしが配給されていたが、製粉所が不足していた。精米事業での失敗を経験し、古波津は他人任せにせず、自ら製粉機を設計した。彼は八重山農学校で機械製作を学んでおり、その知識を活かした。

設計図が完成すると、古波津は西原村にあった金秀鉄工所を訪れ、機械製作を依頼した。金秀鉄工所の経営者は19歳の呉屋秀信であった。呉屋は荒廃した故郷が必要としているのは食糧であり、そのための鍬や鎌が必要だと考え、農機具を製作した。呉屋は古波津からの依頼を受け、製作を引き受けた。古波津は体調の良い時に金秀鉄工所を訪れ、機械の製作状況を見守った（古波津　１９９０）。

１９４８（昭和23）年に機械が完成すると、古波津は親戚で壷屋食糧配給所に勤務していた親泊元信のもとを訪ね、事業への協力を依頼した。親泊は後年に琉球泡盛産業を設立し、沖縄における酒造業の発展に貢献した人物である[2]。親泊は古波津の那覇市内への入域手続きを行うとともに、借家を手配した。古波津は市民が持ち込んだとうもろこしの製粉をはじめた（古波津　1990）。

機械の性能が高かったことから、製粉事業は上手くいった。やがて、とうもろこしの製粉事業が軌道に乗ると、古波津は精米事業を建て直した。さらに琉球復興金融基金から資金を借り入れ、那覇農産加工場を設立した（1949年）。工場では澱粉麺、豆腐、味噌、植物性髪油、氷菓子などを製造・販売した。これらを製造するための機械は自ら考案した。市況を読んで材料を調達するとともに、付加価値を如何に高めるかを考えながら経営した（古波津　1990）。

2　製鋼業への参入

鉄屑回収事業の開始

1950（昭和25）年、食品加工事業で成功をおさめた古波津のもとに、新たな事業への誘いが舞い込んだ。妻の親戚にあたる屋宜憲三を中心に、琉球肥料を設立することが企画されたのである。屋宜は東京に本社を置く、新生産業の社長であった。

肥料が食糧増産に結びつくことから、古波津も前向きに事業へ参加した。計画に従い、古波津は親戚の親泊元信、国吉巌とともに、私費を投じて琉球地下資源開発を設立した。親泊が社長となり、古波津と国吉が常務取締役に就任した。与論島の燐鉱石を採掘し、それを琉球肥料に供給する計画であった。ところが、調査を進めてみると、与論島の燐の埋蔵量が乏しく、事業として成り立たないことがわかった。間もなく、琉球地下資源開発を解散した（古波津 1990）。

屋宜は事業の失敗に責任を感じた。そこで、戦前の硬貨を非鉄金属として荷造りし、輸出する業務を古波津らに委託し、損失を補填した。さらに、屋宜は新生産業の下請け業務を委託することを約束し、新会社の設立を勧めた。当初、古波津は新会社の設立に消極的であったが、親泊らの説得により事業へ参加した。こうして、親泊、古波津、屋宜宣輝の3名により新生商事が設立された（古波津 1990）。

沖縄戦では、日米両軍の戦闘により300万トンを越える鉄が消費された。戦後、陸や海に戦車、艦船、戦闘機、砲弾などの残骸が散在した。1949（昭和24）年、米軍司令部は米国財産処理事務局を設置し、鉄屑処理に関する国際入札を行った。この落札に成功したのが新生産業であった。屋宜はその業務の一部を、古波津らに委託した（拓伸会 2007）。

古波津らは、各地に鉄屑集荷所を設置して業務をはじめた。同郷の者に、積込労務や輸送業務を委託した。朝鮮戦争（1948～）が勃発し、鉄の需要が高まったこともあり、鉄屑を順調に輸出することができた。新生商事は1年半たらずのうちに、資本金の数倍近い利益を上げることができた（古波津 1990）。

鉄屑回収事業に携わったことで、古波津は沖縄における鉄屑の重要性を認識した。郷土に残された鉄は多くの命を奪ったものであった。しかし、荒廃した郷土から輸出できる数少ない商品の一つでもあった。鉄屑は外貨を獲得し、沖縄の経済復興に寄与する重要な商品であると考えるようになった。

拓南商事の設立

1953（昭和28）年、鉄屑の処分権が米国民政府から琉球政府へ委譲されると、これを機に、親泊、古波津、屋宜宣輝の3名は新生商事の株式を売却し、同年8月20日に合資会社・拓南商事（資本金6000ドル）を設立した[3]。社名は古波津が発案した。「拓」は開拓を、「南」は南国を意味した。新しい産業を開拓し、沖縄経済の発展を図るという思いを社名に込めた。

拓南商事の代表に屋宜が、専務に古波津が就任し、現場作業員30名という規模で事業をはじめた。安慶名、嘉手納、松山にあった米軍の財産管理地を借り、そこを集荷ヤードとした（拓伸会 2007）。

当時、沖縄の鉄屑を落札していたのは、先述の新生産業のほかに、米国のE・Jグリフィス、英国のモーリス・カンパニーといった外資系企業であった。これら企業に比べれば拓南商事は小規模であり、単独で鉄屑を落札できる見込がなかった。そこで、拓南商事は地元資本企業（生和産業、丸宮商会）と共同で、大口の入札を試みた。その結果、4000トンの鉄屑をトン当り35ドルで落札することに成功した。保証金2万8000ドルを3社で拠出し、残金11万2000ドルを琉球銀行から借り入れた（拓伸会 2007）。

ところが、朝鮮戦争の停戦によって鉄屑相場が暴落した。拓南商事は2000トンあまりの下級鉄屑を在庫として抱えた。事態を打開するために、１９５３年12月23日に会社を合資会社から株式会社へと変更し、組織の改編を進めた。また翌年6月に、古波津は鉄屑協会のメンバーや琉球政府経済局長・瀬長 浩とともに日本政府通商産業省、八幡製鐵所、富士製鐵所を訪問し、鉄屑の買い上げを要請した。沖縄復興への協力を依頼した。ただ、この要請は受け入れられず、陳情は失敗に終わった（拓伸会 ２００７）。

鉄屑相場が低迷するなか、拓南商事の経営状況は厳しさを増した。共同入札保証金が焦げ付くとともに、沈没船買い付けのための前渡し金も不良債権化した。累積赤字は1万８０００ドルとなり、裁判所から差し押さえ処分令状が届いた。役員会を開き議論を重ねた結果、屋宜が代表から退き、代わって１９５４（昭和29）6月に古波津が代表取締役に就任した。

古波津は各集荷ヤードを閉鎖したほか、社用車や自身の住宅兼食品加工場を売却し、借金の返済にあてた。また、債権者に対して、支払猶予や利子の軽減を頼んだ。それでも資金繰りは厳しかった。資金の不足分については、親泊から朝借りて晩に返すという日々を繰り返し、苦境をしのいだ（拓伸会 ２００７）。

事業の再建と心境の変化

１９５４（昭和29）年秋になると、鉄屑の市場価格が次第に好転した。日本本土での神武景気を背景に、鉄屑の価格がトン当り70ドルまで上昇した。鉄屑相場が回復すると、やがて沖縄全島にスクラップブームが起きた。沖縄からの輸出品のうち、鉄・非鉄金属などのスクラップ類が、輸出額のおよそ6割を占めるようになった（城間 1968）。

古波津は積極的に事業活動を展開した。彼は鉄屑買い上げの陳情のために上京した際に、日本国内の平炉工場、電気炉工場、鉄屑処理ヤード、鉄屑処理加工機械メーカーなどを視察していた。この視察を通じて、鉄屑をただ積み重ねて販売するのでなく、製鋼原料としてプレス加工し、販売する必要性を感じた。そこで、私財を売却して軽量鉄屑をプレスするための水圧式プレス機と、重量鉄屑を切断するための鉄屑切断機を購入した（古波津 1990）。

このプレス機の設置により、拓南商事では軽量屑と重量屑を区別することなく、鉄屑を買い付けることができた。また、鉄屑切断機により、低コストで規格通りに鉄を切断することができた。拓南商事の鉄屑は品質が高かったことから、相場よりも1割ほど高い価格で、継続的に日本本土の企業に販売することができた。やがて、拓南商事は沖縄からの鉄屑輸出高の約3分の1を扱うようになった（古波津 1990）。

ところが、事業の成功とは裏腹に、古波津の心の中にはある葛藤が生まれた。当時のことを古波津は次のように語っている。

「昭和三十年頃のスクラップブームを見てつくづくと考えさせられたことは、海中に沈んだ艦船や陸上に散在する鉄屑は、幾多同胞の命を奪い取った憎むべき物体であるが、戦争に打ちひしがれてすべてを失った住民はその憎むべき物を換金して今日の糧を得なければならなかった。しかし、これら戦時屑を取り尽くしてしまえばその後に何が残るであろうか。むなしい胸の中になんとかしなければならないと思った。

毎年のように来襲する台風の被害は余りにも大きく、為に暴風雨に耐えられるように住宅の建設が切望されていた。しかし、建築資材としての木材生産のない沖縄では、米軍住宅を見ならって、鉄筋コンクリート建築を推進する外なく、その骨材になる鉄筋の生産が絶対に必要であると確信した。原料があり市場があることを思えば沖縄にも工業が成立つ基礎的な条件は整っている。しかし、沖縄の現状に於てそれが可能かどうかは熱意と努力の問題である。これまでに鉄鋼業については全く経験のない私が何とかやらなければならないとの義務感を痛切に感じたのは鉄屑を製鋼原料として輸出する立場にいたからであろう」（古波津　１９９０）。

古波津は沖縄から流出していた鉄屑を、建築資材として加工することを決意した。台風の襲来が多い沖縄では、毎年のように建物が倒壊し、多数の死傷者を出していた。鉄は戦時に住民の生命や財産を奪ったものであった。それを住民の生命や財産を守る物として活用しようとしたのである。

伸鉄事業の開始と社是の制定

建築用鉄筋の生産は製造業への参入を意味した。古波津は食品加工の経験はあったものの、製鋼業については素人であった。そこで、彼は日本各地の伸鉄工場や、香港の船舶解体工場・伸鉄工場などを視察し、伸鉄事業について学んだ。そして、小林産業の協力を得ながら、圧延機、シャーリング、電動機などの機械を調達した。また、小林産業から推薦された兵庫県出身の山木正治を、圧延技術指導員として招いた。古波津は伸鉄工場の視察の際には金秀鉄工所の呉屋に同行を願い、工場建設を依頼した。沖縄にまだ存在しない伸鉄工場の建設に向けて、準備をすすめた（拓伸会　２００７）。

１９５６（昭和31）年6月1日、準備が整うと、古波津は拓南伸鉄（資本金６００万Ｂ円）を設立した。この時、彼は「拓鐵興琉」を社是として掲げた。鉄鋼業という新たな産業を開拓し、琉球の振興発展を図るという思いがそこに込められていた。古波津は沖縄経済の問題が、製造業の弱さにあると考えていた[4]。これまでに製糖業や食品加工業以外に目立った製造業はなく、その生成・発展に不利な地であると考えられていた。古波津は自身の経験から、創意工夫することにより、その現状を変えることができると考えた。彼は「拓鐵興琉」と書かれたパンフレットを抱えて関係機関をまわり、自身の思いを伝えるとともに事業への協力を依頼した（古波津　１９９０）。

１９５６年9月、那覇市壺川の工場敷地内に総工費3万５０００ドルをかけた伸鉄工場が完成した。伸鉄工場では、厚さ9ミリ以上、長さ1メートル以上の中古鋼材（伸鉄材）を再圧延し、3分（9ミリ丸）、4分（13ミリ丸）を中心とする鉄筋を生産した。創業初年度の総出荷量は１１４１トンであった。輸入鉄筋が市場を占めるなか、拓南伸鉄は島内市場シェアの19・8％を獲得した。次第に生産量は増加し、１９５７（昭和32）年度の総出荷量は２４３７トンとなった。島内市場シェアを42・6％にまで高めることができた（拓伸会　２００７）。

3　事業の拡大と新たな経営課題

電気炉の設置

伸鉄事業は順調なスタートを切ったが、将来的な発展には限界があった。伸鉄材となる厚鋼板が次第に島内から取り尽くされ、慢性的に不足するようになったのである。古波津は米国から伸鉄材を輸入するなどの対策をとったが、輸送コストの問題や、不況期の採算悪化などにより、根本的な問題解決には至らなかった。問題を克服するためには、規格外の鉄屑を溶解するための電気炉を設置する必要があった。電気炉があれば、どのような形状の鉄屑でも鉄筋の原料として利用することが可能になる（拓伸会 ２００７）。

電気炉の設置を検討するにあたり、古波津は大阪に設立した南伸商事（現在の拓伸商事）を中心に情報を集め、事業の可能性を模索した。その結果、計画を実現するためにはいくつかの課題があることがわかった。第1に資金の問題であった。電気炉を設置するためには、製鋼工場、電気炉1基、クレーン2基の建設のほかに、用地の取得、送電線の引き込み工事などで、総額35万ドルの資金が必要になることがわかった。古波津は増資により5万ドル、内部留保金より5万ドルを捻出し、その他の資金を琉球銀行から5万ドル、琉球開発金融公社から20万ドルを借入れて調達しようとした。ところが、琉球開発金融公社から提示された融資額は15万ドルとなった。そこで古波津は家族の反対を押し切って自らの私有地を売却し、資金を確保した（古波津 1990）。

第2に、技術の問題であった。仲鉄は4、5名の職人を指導者にすれば、中学を卒業したばかりの未熟練者を採用しても生産することができた。しかし、製鋼事業では冶金、機械、電気などの専門知識や技術が必要であった。そこで、大学卒業予定の理工系の学生3名（琉球大学2名、千葉大学1名）を採用した。そして、現場職人を含めた13名を電気炉メーカーの大同製鋼に派遣し、技術を学ばせた（古波津 1990）。

第3には電力に関する問題であった。当時、電力は琉球電力公社が配電会社5社に供給し、それを配電会社が一般向けに販売していた。電力公社から配電会社への卸売価格は1キロワット時あたり1・6セントであったのに対し、配電会社からの小売価格は1キロワット時あたり4・01セントであった。電力は製鋼コストの大きなウェイトを占めることから、古波津は卸売価格での購入を希望し、公社から直接に電力を供給できるよう交渉を進めた。ところが、電気事業法によって、電力公社が直接に民間へ電力を供給することが禁じられていた。古波津の要望を実現するためには、法を改正する必要があった。そこで、古波津は琉球政府に対して数十回にわたり交渉を重ね、法改正を求めた（古波津 1990）。

しかし、配電会社からの反対の声があり、法を改正することができなかった。そこで、古波津は米国民政府・経済局次長のオグレスビーに相談し、琉球列島高等弁務官であったキャラウェイに直訴す

中部事業所に設置されている電気炉

ることにした。キャラウェイは金融機関の人事粛正など、いわゆるキャラウェイ旋風で知られ、政治家や経済人から恐れられた人物であった[5]。古波津は意を決し、キャラウェイに訴え出た。この訴えに対して、彼は理解を示した。そして、「1千キロワット以上の産業用電力は電力公社から直接供給できる」との高等弁務官発表を出した。高等弁務官の発言は、琉球政府の法律よりも優先された。こうして古波津は配電会社を介さず、直接に電力公社から電力を調達できるようになった（古波津 1990）。

電気炉設置までにさまざまな課題があったが、古波津はそれらを一つずつ克服した。古波津は当時のことを次のように述懐している。

「電力問題、用地の確保、技術的面や資金

の問題など、いずれも困難なものばかりで、何度も断念しようと思った。しかし、度重なる台風の襲来による甚大な損害を考えると、耐風建築の推進役としての鉄鋼業は重要であり、いかなる困難があろうとも耐え抜いていくのが開拓者の使命であると考え、沖縄における鉄鋼業の創始者として全生命を懸けようと、電気炉の導入を決意した」（拓伸会　２００７）。

１９５９（昭和34）年1月、古波津は社名を拓南製鐵に改め、伸鉄事業からの発展をみた。同年12月には資本金を６万ドルに増資し、第２伸鉄工場を建設して増産に備えた。電気炉は１９６１（昭和36）年９月27日に稼働した。

副資材の調達

電気炉を所有することで、拓南製鐵の生産能力が高まった。しかし、それにともない副資材の不足という新たな問題も生じた。たとえば、製鋼で必要となる副資材の一つに酸素があった。酸素は補助燃料のほかに、鋼の成分調整に用いられた。しかし、沖縄には液体酸素を供給できる企業がなく、調達可能な気体酸素も日本本土で調達できる価格の２倍を超えていた。

そこで１９６６（昭和41）年、古波津は米国に渡り、中古の酸素プラントを探した。シアトルの鉄屑会社より紹介を受けて化学企業のユニオンカーバイトを訪問したところ、休止予定の小型酸素プラントがあり、それを２万２０００ドルで譲り受けることができた。古波津は技術部長であった黒島善茂を米国へ派遣し、移設の準備を進めた。黒島は電気炉建設時に採用した大卒者のひとりであった。

彼は米国で機械操作に関する研修を受けた後に、酸素プラントを解体・輸送し、帰国後にそれを組み立てた。酸素プラントは1967（昭和42）年1月より稼働した。製鋼の生産コストを引下げるとともに、鋼の品質も向上した（古波津 1990）。

また、製鋼で必要となるもう一つの副資材に生石灰があった。沖縄には製鋼に必要な量の生石灰を生産できる企業がなく、日本本土から輸入しなければならなかった。ところが、生石灰は危険物であることから輸送コストが高く、保管も難しかった。仕方なく、石灰石を焼成せずに使用していたが、生産コストを押し上げる要因となった。

そこで、古波津は名護市にあった沖縄石灰工業所の買収に乗り出した。同所は1965（昭和40）年頃に、シャフト炉5基を有する本格的な石灰製造工場として誕生したが、操業間もなく休止した。古波津は所有者である南洋土建と交渉し、同所を2万ドルで譲り受けた。1970（昭和45）年11月に同所の社名を拓南石灰工業所とし、事業をはじめた。

ただ、社内には生石灰生産に関する知識や技術がなかった。そこで栃木県にある清水石灰工業所の社長・清水覚太郎に技術指導を依頼した。清水は拓南製鐵から研修生を受け入れたほか、築炉から操業に至るまでの指導に協力した。やがて、拓南石灰工業所で月600トン程度の生石灰を生産できるようになると、製鋼量の増加に対応できるようになった（古波津 1990）。

製造業の発展が遅れていた沖縄では、製鋼量の増産に副資材が量的・コスト的に対応できない状況にあった。外部市場を利用できる日本本土の企業と比べ、副資材調達に関する経営的な課題があった。古波津は事業の内部化を進めることで、技術や人材を含めた経営資源を確保し、課題に対処した。

人材育成と意識改革

事業規模が拡大するなかで、人材育成の重要性も高まった。当時、沖縄の人々は村組織を中心とした生活を送っており、仕事よりも村の行事を優先した。そのために工場の欠勤率が高かった。また、地域的な特性として、物事を深く追求せず、適当にやり過ごそうとする「テーゲー主義」が因習として残っていた。テーゲー主義には物事に対する寛容さという積極的な面もあるが、製造現場においては、製品品質にバラツキが生じるマイナス要因となっていた。大規模な事業を展開するために、社員の意識を変え、社会生活に適応させる必要があった。

これらの問題を克服するために、古波津は経営幹部を引き連れて全国の主要製鋼企業のほとんどすべてをまわり、経営の現場をみせた。また、管理職を対象とした合宿訓練・研修を実施した。こうした教育・訓練を積み重ねることで、経営幹部の組織に対する認識や管理能力を高めた。このような教育方法は、八重山農学校で実践されていた現場主義にみられるものであった。古波津は自らが学んだ教育方法を、人材育成の場に導入した（古波津　１９９０）。

また、生産現場では20名程度の社員を班としてまとめ、班長を責任者として置いた。そして、社員の給与の約40％を生産高に応じて、生産手当金として支給した。生産手当金は班内での生産性が高まれば増額し、生産性が下がれば減額した。班員は互いに各人の能力を査定し、その点数によって生産手当金を分配した。こうした取り組みにより、古波津は社員の組織人としての意識を高めるとともに、品質管理に問題を及ぼすようなテーゲー主義を排除した（古波津 １９９０）。

古波津はドラッカーの『断絶の時代』（１９６９、ダイヤモンド社）を愛読した。そこから経営のヒントを得るとともに自身の経験を踏まえ、自社に合せた経営体制を構築した。

新製品・新工法の開発

拓南製鐵は、１９６２（昭和37）年に第３圧延工場を建設したほか、１９６５（昭和40）年に第２電気炉（５トン）、１９７０（昭和45）年にこれまでの２基に代わる20トンの電気炉を設置した。資本金も１９６９（昭和44）年に43万ドル、１９７１（昭和46）年に70万ドルへと増資した。[6]

拓南製鐵コンクリートバー（T- コン）

しかし、後述するように、次第に競合企業との競争も厳しさを増した。競合企業との差別化を図るための新製品開発が課題となった。そこで、拓南製鐵では１９７２（昭和47）年に鉄筋の表面のフシをダイヤ型に成型した「拓南製鐵コンクリートバー（略してT－コン）」を開発した。Ｔ－コンは一般的な横フシの鉄筋と比べて曲げ戻し加工（耐震性）に優れており、引張強度も高かった。さらにはコンクリートの流動性が良いことから気泡が生じにくく、付着力も高かった。横フシの鉄筋に比べて優れた特性を持っていた。こうした製品の開発により、他社との差別化を図った。

また、工場では生産工程も見直された。１９７５（昭和50）年頃から、圧延過程の中間製品を、７ミリのバーインコイル、９ミリ・10ミリ・13ミリの鉄筋用棒鋼、16ミリ以上38ミリ未満の鉄筋用棒鋼の３種類にわけて同時生産する多種少量生産技術を開発した。一般的に、日本本土の企業は一つのサイズに特化して鉄筋を生産していたが、需要の限られた沖縄では、すべての種類を生産しなければ経済的な生産規模に達することができなかった。この技術はローカル市場での存続に重要な意味を持った（古波津　１９９０）。

4　市場における地位確立と地域貢献

価格競争の発生

拓南製鐵は製鋼一貫メーカーとしての基盤を固めた。住宅用鉄筋の生産量が高まり、市場の需要を満たした。ところが、それと同時に企業間競争も激しくなった。一つには輸入鉄筋との競争であった。既述のとおり、社会インフラの整備が遅れ、また規模の経済を追求しづらい沖縄では、日本本土企業と比べて生産コストが高かった。

そのような状況下にあって、日本本土からは安価な鉄筋が流入してきた。特に不況期になると、自社の販売市場での価格下落を避けるために、ダンピング価格で沖縄に製品を出荷し、在庫処分するものがあった。たとえば、１９５７（昭和32）年の景気後退期に、日本本土の鉄筋価格はトン当たり１００ドルまで下落したが、この時に那覇港には港渡し価格（ＣＩＦ）でトン当たり80ドルの鉄筋が入荷した。また、１９６２（昭和37）年の鉄鋼不況期にもトン当たり66ドルで那覇港に鉄筋が入荷した。沖縄は地理的に在庫品の捌け口になりやすい環境にあった（沖縄建設新聞　２００１）。

そこで、古波津は公平な競争条件を求め、琉球政府に対して輸入鉄筋に15％の物品税を課すように陳情した。日本政府が輸入鉄筋に対して15％の関税を課していたことから、琉球政府も同様の措置をとるように要望したのである。

しかし、建設業者からは安価な鉄筋の輸入を制限する、物品税の導入に反対の声が上がった。そこで古波津は琉球政府行政主席であった大田政作に、島内産業の保護を直談判した。事情に理解を示した大田は物品税導入に同意し、高等弁務官への申請手続きを進めた（古波津　１９９０）。

琉球政府からの申請を受け、高等弁務官のキャラウェイは沖縄に流入する鉄筋のダンピング率を調査させた。その結果、ダンピング率が20％であることがわかった。そこで、彼は古波津の要請よりも5％高い、20％の物品税を課すことを決めた。[7] こうして１９６３（昭和38）年3月、輸入鉄筋に物品税が課せられることになり、古波津は価格競争を回避することができた（古波津　１９９０、沖縄建設新聞　2001）。

ところが、物品税の導入は新たな問題を引き起こした。島内産業が保護されたことで、鉄屑回収業者を中心に新たに建築用鉄筋メーカーが設立されたのである。1963年6月、共栄伸鉄が設立され、那覇市安謝の約1000坪の工場敷地で、3、4分の鉄筋を生産しはじめた。次第に事業を拡大し、1965（昭和40）年には第2伸鉄工場を建設して月産1000トン程度まで生産能力を高めた。さらに、1968（昭和43）年には浦添市小湾に第3圧延工場を建設し、翌年に8トンの電気炉を設置した。1969（昭和44）年には社名を共栄製鋼へと改め、拓南製鐵の競合企業として存在感を高めた。1973（昭和48）年には25トン電気炉ならびに沖縄で初めての連続鋳造機を導入し、生産規模を拡大した。日本最大の電炉メーカーであった東京製鐵が技術支援した。

共栄製鋼は事業拡大に際し、拓南製鐵の経理担当役員や職長クラスの技能職など、約20名を引き抜いた。そのため、拓南製鐵では一時的に業務に支障をきたした。共栄製鋼の誕生により、建築用鉄筋市場を巡る競争は激しさを増し、1968年には鉄筋価格がトン当たり80ドル台まで下落した（沖縄県工業連合会　1974、拓南製鐵1986、拓伸会　2007）。

共栄製鋼の買収

競合他社との競争が厳しさを増すなかにあっても、建築用鉄筋の需要は増え続けた。1972（昭和47）年に沖縄の本土復帰が決まり、公共・民間の建設工事が相次いだことがその背景にあった。鉄筋需要は1969（昭和44）年度に9万2300トンであったものが、1971（昭和46）年度には16万3800トンとなった。市場の拡大は競争を緩和した（拓伸会 2007）。

ところが、1975（昭和50）になると状況が一転した。工事完了による需要の減退、オイルショックによる経済不況などにより、鉄筋需要が激減した。不況の影響を受け、1977（昭和52）年に共栄製鋼が経営破綻した。負債総額は約40億円であった。大型倒産による県経済への影響が懸念され、債務処理が社会問題となった。

そこで、共栄製鋼のメインバンクであった沖縄銀行が、拓南製鐵に対して共栄製鋼の買収を打診した。[8] 当時、拓南製鐵も厳しい経営状況にあり、1975年から1977年にかけては赤字を計上していた。仮に共栄製鋼を買収して追加的な投資を行うとなると、旧債を含めて約70億円の負債を抱えることになる。しかも、東京製鐵の技術陣が軌道に乗せることのできなかった共栄製鋼の機械設備を買い取ることになるため、社内で強い反対意見があった（古波津 1990）。

一方で、拓南製鐵においては壷川工場の敷地が手狭になるとともに、工場周辺の宅地化により、騒音などの公害問題が発生していた。工場設備の老朽化も進んでいた。そのため、共栄製鋼を買収して新たな機械設備を獲得するとともに、工場を移転し集約することで生産性を高めることができるとの意見も出された（古波津 1990）。

古波津は社内外に意見を求めるとともに、沖縄における製鋼事業の展望について調査を進めた。そして最終的に、共栄製鋼の買収を決断した。この決断について、古波津は次のように述べている。

「本土に於ける電炉工場の生産規模は鉄筋の場合で年間二十万屯といわれているのに対して、沖縄県内の需要は十万屯内外であり、それを二社で分けあっては四分の一にも達しない零細規模である。従って仲鉄工場ならともかく、電気炉工場二社の経営が成立つ要素は共栄製鋼㈱が電気炉を設置した当初からなかったのである。

以上の理由から沖縄の鉄鋼メーカーは、原料である鉄屑の発生量と製品である鋼材の消費量から勘案してみるに一社に集約する以外に根本的解決策はなく当然、当社が買収しなければならないと思っていた。従って私には問題を解決する社会的な義務のようなものを感じており、それが当社の生きのびる道でもあると考えていた」（古波津　1990）。

こうして1977年9月24日、買収交渉が合意に至り、手続きが完了した。契約成立後、壷川工場から浦添工場への工場移転が進められた。古波津は多額の負債を抱えるとともに、経営統合という新たな課題に取り組むことになった。

コストダウンの追求と新製品開発の推進

浦添工場へ移転後、拓南製鐵では連続鋳造機の使用を試みた。拓南製鐵ではまだ同機の導入経験がなかったことから、東伸製鋼に指導を仰ぎ、技能の向上を図った。機械の性能を活かすために、圧延工程を含めた工場のレイアウトも見直した。この試みにより、拓南製鐵では社員200人体制で、これまでの約1・5倍にあたる月1万トンの鉄筋を生産できるようになった。歩留まり率も92％を超

中部事業所での鉄筋生産のようす

え、壷川工場の85％を上回ることができた。連続鋳造機を使いこなすことができるかどうかが共栄製鋼買収の成否の鍵を握っていたが、結果的に生産性の向上という目標を達成することができた（拓伸会　２００７）。

一方で、浦添工場へ移転後も新製品開発を継続した。たとえば１９８７（昭和62）年、沖縄防錆協会との共同研究により、日本初の溶融亜鉛メッキ鉄筋を開発した。同製品は錆に強い特性を有しており、シルバー鉄筋と名付けられた。海に囲まれた沖縄では、塩害による腐食損失額が年間１０００億円に上ると試算された。シルバー鉄筋の開発により、鉄筋コンクリート構造物の寿命を延ばすことができた（古波津　１９９０、拓伸会　２００７）。

コストダウンと新製品開発を推進した結果、拓南製鐵の売上ならびに経常利益は順調に推移した。１９８５（昭和60）年には売上高が１３０億円を超え、また１９８７年には経常利益が３億円を突破した。その間に、沖縄県内の鉄筋コンクリート住宅の割合は74・１％に達し、全国一の普

図表4－1　拓南製鐵における売上高・利益の推移（1990～2012年度）

（百万円）

年度	売上高	営業利益	経常利益	純益
1990	13,356	—	—	300
1991	16,583	—	—	781
1992	14,316	—	—	915
1993	12,925	—	—	762
1994	10,970	—	—	5
1995	10,394	—	—	▲350
1996	9,520	—	—	▲1,831
1997	11,494	—	—	▲232
1998	9,073	—	—	▲1,034
1999	7,399	—	—	▲1,069
2000	6,908	—	—	▲217
2001	6,432	—	—	921
2002	7,130	—	—	▲64
2003	7,122	—	49	67
2004	9,354	—	697	577
2005	12,440	—	2,280	1,055
2006	14,204	—	2,198	1,107
2007	14,837	—	1,731	973
2008	18,672	2,197	2,007	1,079
2009	19,267	1,123	888	176
2010	11,295	1,184	1,009	512
2011	11,166	163	30	▲24
2012	12,207	80	21	13

（出所）東洋経済新報社『会社四季報』各年版より作成。

及率となった（1997年度）。全国平均が27・4％であったことを考えれば、突出した数値であった。[9]台風被害に強い住居を普及させるという古波津の夢が実現された（拓南製鐵 1991）。

拓南製鐵の売上・純益はその後のバブル経済を背景に、さらに増加した。1991（平成3）年には売上高は165億8300万円となった。また1992（平成4）年には純益が9億1500万円となった（図表4－1）。

経営の安定化に向けて

１９８８（昭和63）年、古波津は会長に就任した。後任の社長に黒島が就任した。高業績を維持するなか、拓南製鐵では新たに中城湾《なかぐすくわん》工業団地への工場移転を計画した。中城湾への移転構想は昭和40年代初め頃から練られていた。同地は20トン級の大型船舶が入港できる工業団地の造成が可能であった。輸送の利便性や敷地確保といった観点から、古波津が理想とする工場の建設に最適な場であった。中城湾港工業団地は政治・経済的な問題の解決を経て、１９８４（昭和59）年より造成工事が進められた（琉球新報　２００８）。

工業団地の造成が済むと、１９９３（平成５）４月、拓南製鐵は同工業団地に約３００億円の資金を投じて新工場を建設した。工場敷地はおよそ9万坪で、浦添工場の約9倍の広さであった。工場は2年後に完成し、１９９５（平成７）年、浦添工場から移転した。

新工場では大同製鋼製の80トンＤＣアーク炉（直流電気炉）を導入し、生産能力やエネルギー効率を高めた。また、コンピューター管理の導入により省力化を図った。このほか、国内企業ではほとんど採用されていなかった炉外精錬炉を設置し、品質の向上と品種の拡大を図った。年間48万トンの生産体制を整えた。

ところが、新工場の操業から間もなくバブル経済が崩壊し、鉄筋需要が急速に減少した。２００１（平成13）年には拓南製鐵の売上高は64億３２００万円となり、１９９１（平成３）年より１００億円近く減少した。県外からは在庫処分のための鉄筋が月に４０００トンほど流入し、市況が悪化した。拓南製鐵の利益が押し下げられ、1995（平成7）年から2000（平成12）年までの6年間、赤字に陥った（図表4－1）。

1999（平成11）年11月、古波津は自らが議長となり、製鐵危機突破会議を設置した。拓南製鐵では事業拡大にともない関連会社を設立してきたが、この時点でその数は12社となっていた[10]。これら企業の経営内容について多岐にわたる分析を行い、赤字要因を探り出した。そして、業務改善や人員数の見直し、関連企業の統廃合を進めた。さらに2005（平成17）年に拓南本社を設立し、総務、財務といった間接部門を集約し、業務の効率化・コスト削減を図った。拓南本社にグループ企業各社の意思決定支援機能も置いた（拓伸会 2007）。

コスト削減と同時に、地域に合わせた高付加価値製品の開発や工法の研究もさらに進めた。たとえば、拓南製鐵は2008（平成20）年に東京鐵鋼と技術提携し、「ネジテツコン」を生産した。これは鉄筋をネジ状に圧延したもので、鉄筋同士の接合を容易にするものであった。建設工期の短縮に貢献した。また、拓南商事では、廃棄自動車や廃棄家電をリサイクルするための「シュレッダーダスト再加工プラント」を開発した。リサイクル品回収時に発生するダストの処理費用を軽減するとともに、非鉄金属の完全回収を実現した。沖縄においては家電や自動車の普及にともない、使用後の処理が問題となっていた。拓南商事が開発した技術は、地域の環境保全に役立った（琉球新報 2008）。

他方、移入鉄筋に対しては、拓南商事の大阪本社、福岡営業所、四国営業所や、鹿児島に設立した薩南物産を通じて、県内に流入してきた鉄筋と同量の鉄筋を県外へ移出することで、流通量を調整した。自ら市場の調整機能を持つことで、県内市場の安定を図った。このようなさまざまな取り組みにより、グループ企業全体の競争力を強化した。

拓南製鐵はバブル経済崩壊後の危機を乗り越え、経営の安定を取り戻した。持続的イノベーションと破壊的なイノベーションが、グループ企業内で追求された。ひとりの社会的企業家の郷土への思いから誕生した企業は、地域の社会や経済の安定・発展の一翼を担う存在となった。

[注]

1　古波津は自身が体験した沖縄戦の様子を「沖縄の地上戦」（拓南本社所蔵資料）として手記に残している。

2　親泊は1951（昭和26）年7月に泡盛の原料米購入と、製品の本土輸出を主たる事業とする琉球泡盛産業の設立に関わった。また、1960（昭和35）年に縫製加工の沖縄衣料産業を設立し、米国向け縫製品の生産に従事した。詳細については、沖縄県酒造共同組合（2007）ならびに、オグレスビー氏産業開発基金事務局（1986）を参照されたい。

3　鉄屑を輸出できたのは資本金70万B円（5800ドル）以上の法人であり、その上で琉球政府の許可を得た企業でなければならなかった。

4　古波津は1992（平成4）年に「古波津製造業育成基金」を創設し、沖縄県内の中小零細企業の研究開発や人材育成を支援している。

5　キャラウェイ旋風の詳細については、外間（2000）を参照されたい。

6　拓南製鐵では本土復帰に際して、JIS工場の認定を取得した。本土復帰後はJIS規格を取得した生産資材でなければ、公共工事で使用することができないためであった。ただ、県内企業が本土業界に加入するためには大きな負担がかかった。そこで古波津は1973（昭和48）年9月に県JIS協会を設立し、初代会長に就任した。都道府県単位でJIS協会があるのは沖縄県だけである（琉球新報 2008）。

7　物品税は1970（昭和45）年10月に廃止されるまで継続された。

8　当初、沖縄銀行は共栄製鋼の大株主であった東京製鐵会長の池谷太郎に債務引き受けを要請した。これに対して池谷は、小規模な市場で２つの企業が激しい競争を繰り広げることは沖縄経済の発展にとって好ましくないと判断し、要請を断った（古波津 １９９０）。

９　２００８（平成20）年時点で、非木造住宅の割合は沖縄県で95・１％となっている。全国平均は41・１％であり、東京が62・８％、大阪が57・６％、福岡が49・９％となっている。総務省統計局「建て方・構造別割合－都道府県（平成20年）」（http://www.stat.go.jp/data/jyutaku/2008/nihon/2_1.htm）に基づく。

10　１９９９（平成11）年時点での拓南グループ企業には以下のようなものがあった。拓南商事（１９５３年設立）、拓南製鐵（１９５６年設立）、拓南鐵建（１９７２年設立）、拓伸商事（１９７４年設立）、西原グリーンセンター（１９７４年設立）、拓南鐵事業協同組合（１９７５年設立）、沖縄ガルバ（１９８４年設立）、拓南鋼材（１９８０年設立）、薩南物産（１９８８年設立）、拓南キャピタル（１９９１年設立）、拓南リース（１９９２年設立）、拓南伸線（１９９７年設立）。

第5章

ローカル市場の深堀りと革新の精神

——総合小売・サンエー

1　環境変化の波と事業機会

宮古島での創業

1950（昭和25）年、宮古島にて誕生したのがサンエー（オリタ商店として開業）であった。創業者の折田喜作は1927（昭和2）年、宮古島の城辺村《ぐすくべそん》（現在の宮古島市）にて誕生した。折田の祖父である折田太郎右衛門は西南の役の際に、西郷軍の一員として参戦した人物であった。戦いに敗れて除隊となった後に、鹿児島から宮古島に移り住んだ。太郎右衛門は同島の長間地区を中心とする大地主となり、製糖工場を営むなど、大規模な農業経営に乗り出した。しかし、彼の死を境に事業は推進力を失い、消滅した（波平 1998）。

折田は1945（昭和20）年に宮古中学校（現在の宮古高等学校）を卒業すると、戦時中には代用教員となって小学校で教鞭をとった。しかし、終戦を迎えると退職し、農業に従事した。戦後の食糧不足の時代に、彼は農作物をつくり、それを市場へ卸した。ところが、市場では仲買人との価格交渉が上手くいかず、折田は、丹精込めてつくった作物が、安値で取引される現実に衝撃を受けた。彼は商売の難しさを実感するとともに、商業へ興味を持ちはじめた。折田は1週間ほど山に籠もり、商売とは何かを自問自答した。そして、自分なりの結論を導き出すと、宮古島産の砂糖を沖縄本島の那覇

1950年に創業した折田商店

市で売り、それを売って得たお金で生活必需品を購入し、またそれを宮古島で販売するというビジネスをはじめ、商売について実践的に学びはじめた。[1]

1950年1月、折田は開業資金を貯めると、宮古島の平良《ひらら》市（現在の宮古島市）に雑貨店を開いた。店の名前をオリタ商店とした。その頃には折田は結婚し、妻の澄とともに店を経営した。折田の商売は順調に軌道に乗り、開業から5年目には自らの土地と建物を持てるようになった。

1964（昭和39）年には店を増築し、オリタ百貨店へと改称した。宮古島での事業が成功すると、折田は沖縄本島への出店を計画した。折田は妻と共に大阪・船場の問屋街を歩きまわり、商品を買い付けた。そして、馴染みの問屋などから繁盛している店についてて聞きだしては、それらを見て店舗運営のノウハウを学んだ。このようにして得た知識をもとに、折田は那覇市内への出店を試みた。沖縄はまだ米国統治下にあり、日本本土との人やモノの移動が制限されていた。日本本土から沖縄へ商品を運ぶためには、個人輸入による通関手続きを行う必要があった。代金の決済も信用状（L／C）が用いられた。

日本本土にはモノが溢れており、沖縄の市場にはそれらに対する需要があったものの、通関手続きの複雑さのために、商品を円滑に供給できなかった。物流の問題が、大きな壁として立ちはだかっていた。[2]

環境変化と企業理念の確立

１９６９（昭和44）年の日米首脳会談において、沖縄返還が約束された。本土復帰決定の報道に、経済界は大きな不安を抱いた。本土に復帰すれば沖縄市場が開放されることになり、本土大手企業が進出してくることが予想された。

企業を取り巻く環境が大きく変わろうとするなかで、折田は本土復帰を悲観することなく、むしろ事業の好機と捉えた。折田には「善の発想」という考えがあった。これは、悪いこと（マイナス）がおこっても、それをじっくりと考え抜くことで、善（プラス）に転じる道を見つけることができるというものであった。本土復帰により、沖縄企業には強い競争圧力がかかることになる。しかし、日本本土との通関手続きが不要になることから、商品を円滑に供給できるようになる。折田は本土復帰によるプラスの効果を前向きに捉えた。

１９７０（昭和45）年５月、折田は那覇市安里に、株式会社サンエー（資本金５万ドル）を設立した。売り場面積230平方メートルの総合衣料品店であった。同店は那覇市のメインストリートである国際通りの北側に位置した。国際通りは約１・６キロメートルの通りに商店や飲食店が立ち並ぶ場で、別名「奇跡の１マイル」と呼ばれた。戦後の焼け野原から次第に賑わいを取り戻した、沖縄復興の象徴となる場であった。

折田は新たに出店した店舗で、正札販売とセルフサービス方式を導入した。沖縄において正札販売は、百貨店の沖縄山形屋が戦前より那覇市内の店舗で行っていた。しかし、多くの小売店ではまだ交渉による価格決定が中心であった。折田は小規模小売店ではまだ珍しかった正札販売を導入した。また、セルフサービス方式は1954（昭和29）年にコザ地区（現在の沖縄市）にある百貨店のロージャースが、プラザハウスショッピングセンター内にて行っていた。同店は米軍人とその家族のみが利用を許されたものであった。[3]市民がセルフサービス方式により商品購入を経験する機会は限られていた。このため、サンエーは一般市民にとって先進的な店であり、いわば派生的革新の担い手であった。沖縄ではまだモノが不足し、流通している商品のなかに粗悪品が混ざっているような状況であった。折田は大阪で自らの目で確かめて調達した商品を、手頃な価格で販売した。

やがて、本土復帰の日が近づいてくると、本土企業の沖縄進出が現実的なものとなった。琉球政府は地元企業に本土企業との資本・技術提携や、系列への参加を政策的に促した。たとえば、製造業では琉球セメント（1959年設立）が提携先であった米国・カイザーの持ち株を宇部興産に譲渡し、同社と提携した。食品加工業では、ゲンキ乳業（1955年設立）が森永乳業と資本・技術提携を結

那覇市安里のサンエー１号店

び、沖縄森永乳業へと社名を変えた。小売業では大越百貨店（１９５７年設立）が協力関係にあった三越と資本・業務提携を結び、沖縄三越となった。地元企業と本土大手企業との提携が、復帰対策となった（上間　１９８２、山内ほか　２０１３、沖縄森永乳業株式会社　１９９５、大城　１９８０）。

このような光景を目の当たりにし、折田は安易に本土企業に頼ることへの危機感を抱いた。本土企業への依存性が高まり、地元企業のなかから主体的に物事を考え、行動する力が失われるのではないかと考えた。また、過度な本土化により、沖縄のアイデンティティーが失われてしまわないかとも考えた。

そこで折田は「自主独立」の精神を掲げ、沖縄の消費生活に必要な商品は、沖縄の企業が主体的に提供すべきであるとの考えを示した。本土企業の力に頼ることなく、自らが進む道は自らの責任で決めるという考えを、社内外に示した。折田の店へも本土企業との競争を危ぶむ声があり、県外企業との提携の話が持ち込まれた。折田はこの提案を断り、県外から進出してくる大企業との競争に挑むことを決意した。「善の発想」と「自主独立」という２つの経営方針は、サンエーの独自性を生み出す源泉となっていく（財界九州社　２０００）。

経済混乱の発生と新たな戦略方針の策定

１９７２（昭和47）年５月15日、沖縄が本土へ復帰した。それと同時に、さまざまな経済的問題が生じた。一つには通貨交換に関する問題であった。本土復帰前まで、沖縄ではドルが通貨として使われていたが、本土復帰と同時に円に切り替わることになった。為替レートは１ドル３０５円に決まった。沖縄では、これまで為替レートが１ドル３６０円で計算されていたため、この決定により社員にとっては給与の価値が実質的に約15％減ることになった。また、店側にとっては１ドル３６０円で既に仕入れた商品を、１ドル３０５円に換算して販売することによる業績への影響が懸念された。約18％価格を値上げしなければ、損失が発生することになる（川平　２０１２）。

こうした事態に直面し、折田は善の発想に基づき、社員と顧客に利益をもたらす道を模索した。そして、社員に対しては1ドル360円で計算した給料を払って価値の減少分を補填するとともに、顧客に対してはすべての商品を値上げすることなく、1ドル305円での換算に据え置いて販売することにした。この方法では人件費が上昇し、販売利益が減少することになる。

ところが、折田の決定に心を動かされた社員が奮起したことで、さらには良心的な価格設定を顧客が支持したことで、サンエーの売上が伸び、減収分を補うだけの利益を得ることができた。折田は逆転の発想で、通貨交換による問題を乗り越えた。

本土復帰にともなうもう一つの経済的問題が、本土大手企業の沖縄進出であった。小売業界においては、1975（昭和50）年5月に日本最大の小売業であったダイエーが「那覇ショッパーズプラザ」（1981年にダイナハ、1994年にダイエー那覇店に名称変更）を開店した。同店は沖縄県内初の大型ショッピングセンターであった。那覇ショッパーズプラザはサンエー那覇店がある国際通りに近い場所に立地した。店舗面積は6480平方メートルであり、サンエー那覇店の約28倍という規模であった。

1957（昭和32）年に薬品販売店として開業したダイエーは、価格破壊をスローガンに掲げ、事業を拡大した。大型ショッピングセンターやゼネラルマーチャンダイズストア（GMS）を全国展開し、1975年時点で100を超える店舗を有していた。ファストフードのドムドムや、紳士服のロベルト、コンビニエンス・ストアのローソンなどの事業も多角的に手掛けていた。年間売上高が5千億円を超える規模であった。

ダイエーは沖縄に新たなライフスタイルや食文化を持ち込んだ。衣料品においては最新ファッションが並べられ、流行の中心地となった。食品では、みょうが、三つ葉、納豆、真アジ、さんま、いわし、うなぎなど、これまでに沖縄では馴染みがなかった食材が、調理法とともに紹介された（ダイエー社史編纂室　１９９２）。

ダイエーの進出に刺激を受け、国際通り沿いにある沖縄三越、リウボウ、沖縄山形屋などの百貨店は売り場を改装した。また、商店街の小売店は、ダイエーと同様に正札販売を導入した。那覇ショッパーズプラザの売上高は初年度だけで約65億円であり、サンエーの売上高約30億円を上回った。その後、ダイエーは売り場面積の増床や、営業時間の延長、定休日の削減などにより、売上高をさらに伸ばした。ダイエーは沖縄県内で大小合わせて12の店舗を構えた（ダイエー社史編纂室　１９９２）。

ダイエーの沖縄進出を受け、折田は新たな経営戦略を練る必要性に迫られた。経営資源が圧倒的に豊富なダイエーと同じ商圏で競争しても、勝てる見込みがなかった。県民のなかには本土に対するコンプレックスがあり、地元企業や地元産品（「しまーぐわぁー」と呼ばれた）を低く評価する傾向があった。ダイエーから顧客を奪い返すことは容易ではなかった。そこで、折田は郊外に出店攻勢をかけることにした。郊外であればダイエーとの直接的な競争を回避できると考えた。また、地価が安いことから、限られた資金のなかでの出店が可能であった。さらに、駐車場を備えることができることから、将来的な車社会の到来に対応できる可能性があった。立地条件が多少悪くても集客が見込めた。こうして、折田は郊外型チェーンストアーの展開を決断した（財界九州社　１９９４）。

2　市場を巡る競争

事業の拡大と物流システムの構築

１９７５（昭和50）年7月、折田は大阪事務所を開設した。サンエーが小さな個人商店であった時代には、問屋街で仕入れた商品の伝票を、喫茶店の片隅で整理していた。ところが、商品取扱量が増え、商品や消費者に関する情報収集の必要性が出てきたことから、大阪事務所の開設に踏み切った。大阪事務所は郊外型チェーンストアーの展開において、戦略的に重要な役割を担った。

１９７７（昭和52）年6月、折田はコザ市（現在の沖縄市）胡屋に「ファミリープラザコザ店」（現在の中の町タウン）を開いた。コザ市の人口は約9万人であり、那覇市の人口およそ29万人に次ぐ、県内2番目の規模であった。コザ市は中部地区に位置し、那覇市内の商業地に買い物に出かけていた客層を取り込める可能性があった。

ファミリープラザコザ店の出店に際し、折田は食品分野への参入も決めた。衣料品スーパーマーケットとして蓄積した経験や知識、ノウハウといった経営資源を活かし、さらなる事業分野の拡大を目指した。コザ市への進出を皮切りに、折田は郊外型店舗を県内各地に次々と出店した。１９８０年代半ばまでに10店舗を構えるまでになった。

ところが、衣料品に次ぐ第二の柱として立ち上げた食品事業は苦戦した。衣料品事業で得た利益を、食品事業に注ぎ込む日が続いた。サンエーでは、商品の受発注から配送までを問屋に任せていた。日本本土から船便で届いた商品を各店舗に運び込み、店舗ごとに商品の加工や包装、値付けなどを行っていた。物流効率が悪く、コストを押し上げていた。

そこで、折田は１９８２（昭和57）年にサンエー運輸を設立し、商品配送、検品・値付け、仕分といった業務を集約した。さらに１９８４（昭和59）年に沖縄本島中部にある宜野湾市大山に約15億円を投じて、流通センターを開設した。流通センターは2階建ての建物で、延べ床面積が約６０００平方メートルという規模であった。そこに自動包装機、自動値付機、自動コンテナ洗浄・供給システム、大型冷凍・冷蔵設備などの機器を設置した。１９８５（昭和60）年には流通センター内に生鮮加工センター（現在の食品加工センター）を設置したほか、低温流通システムを確立した。１９９２（平成４）年には、食品加工センター内に食品工場を設置した。流通センターはコスト削減のみならず、付加価値の創造という役割も担うことになる。[4]

折田は流通センターの整備とともに、情報設備への投資も行った。本社と流通センター、各店舗にコンピューターを設置し、オンライン化による情報共有を進めた。商品の売れ筋や売れ行きをみた適正配送を可能にするとともに、店舗情報を素早く数値化して入手し、意思決定のための判断材料とした。このように、流通部門の強化を図ることで物流の効率化を進めた。やがて食品事業は黒字に転じ、サンエーの中心的な事業部門となった。[5]

人材育成と企業文化の形成

事業を拡大するなかで、折田は人材育成を重視した。教育の基本に「善の発想」「自主独立」の精神があった。まず、折田は顧客にとってプラスになるように考えることを社員に促した。人と人の関係が近い地域社会にあっては、顧客は親戚や友人、知人など身近な存在である。そのような人々に利益をもたらすために何をすべきかを、企業利益よりも優先させた。「仕事は仕事が教える」という考えから、社員教育のための成文化されたマニュアルを作成しなかった。地域住民と接するなかで、仕事を改善し続けることを求めた。

たとえば、サンエーでは日頃から顧客の声を重視した品揃えを行っている。特に新店舗開店時には、新規出店地域の顧客からの要望を集め、商品の品揃えを見直している。

なお、サンエーでは全社員が、店舗の売上データなどの情報を自由に閲覧できる。現場の社員が情報を共有し、自主性をもって経営に取り組めるようにするためである。たとえ本社の決定事項であっても、現場の判断により修正または変更できる権限を与えている。

また、本社では毎日のように早朝ミーティングが開かれるが、このミーティングへは職位や職歴に関係なく、誰でも自由に参加できる。ミーティングは自由参加であることから、社員に参加を義務づけていない。早朝ミーティングでは、社内で発生した問題や懸案事項、出張や研修の報告、毎月の取り組み内容などが話し合われる。報告したいことがある者が次々にホワイトボードに項目を書き出し、議論していく。そのなかでさまざまな意思決定が下され、すぐに現場で実行される。現場で実践された仮説の検証結果は、早朝ミーティングの場にフィードバックされ、新たな改善策が模索されていく。社員は議論に参加することで、意思決定のプロセスを共有する。そのため、適確に動くことができる。また、現場に裁量権が与えられていることから、事前承認を得ることなく状況に応じた変更が可能になる。

このほか、サンエーでは経営職登用制度が導入されており、入社２年目以上、23歳以上の者に対して受験資格が与えられる。この制度では、資格を満たしていれば、年齢や性別に関係なく受験できる。資格を満たしていない者であっても、２年間という条件で「仮免許」が発行され、その期間中に資格試験に合格すれば正式登用となる。そのため、30代で役員に昇格した者や、20代で管理職に就く女性もいる。[6] 一方で、結果を残すことができなければ降格もある。降格は珍しいものではなく、恥じるものでもないという価値観が社内に浸透している。たとえ降格しても、再挑戦の機会が与えられる。このようにサンエーでは、能力主義的な人事制度が採用されており、年功序列を特徴の一つとする日本的経営とは異なったものとなっている。

このように、サンエーは「サンエーイズム」とも呼ばれる独自の企業文化を形成した。地域社会への高い密着度、挑戦の精神、迅速な意思決定と実行などの経営スタイルが構築されている。[7]

競合企業との競争

沖縄の本土復帰後、小売業では企業の新規参入が活発化した。１９７５（昭和50）年、千葉県に拠点を置くプリマート（1967年設立）が、プリマート沖縄を設立し、沖縄県内各地に直営店ならびにフランチャイズ店を展開した。1979（昭和54）年には大城商店（1948年創業）が沖縄県南部の南風原町にて「ファミリープラザ丸大」を開いたのを皮切りに、チェーンストアーを出店した。1983（昭和58）年には、地元資本の百貨店であるリウボウが、東京に拠点を置く西友との共同出資で「リウボウストアー」を開発し、出店した。また、野嵩売店（1949年創業）が中南部地区を中心に「フレッシュプラザ ユニオン」を展開し、存在感を高めた。さらに1983年、県内建設・鉄工業の大手である金秀グループが金秀商事を設立し、「タウンプラザかねひで」を展開した。小売市場を巡る競合企業が出現した（山内ほか 2013）。

こうしたなかにあって、サンエーの売上高は1984（昭和59）年に166億9300万円に達し、県内小売業界トップの座についた。2位のダイナハ（ダイエー「那覇ショッパーズプラザ」が1981年に名称変更）の売上高が143億7000万円、3位のプリマートの売上高が99億2100万円であった。[8]

1985（昭和60）年11月、折田は那覇市近郊にある浦添市城間に「マチナトショッピングセンター」（現在のサンエーマチナトシティ）を出店した。同店は郊外型GMSであった。サンエーは安売り衣料品店として店舗を出店してきたが、新たに展開したGMSでは、従来の「安売り」のイメージを転換し、ショッピングとレジャーを融合した新たな店をつくりだすことを試みた。

ところが、マチナトショッピングセンターが開業した翌年の1986（昭和61）年4月、ダイエーが「浦添ショッピングセンター」を出店した。同店はマチナトショッピングセンターとは国道を挟んだ向かい側、約300メートルの距離にあった。折田は新規出店の前に、周辺にある既存店を強化していた。新規出店による売上高の増加には走らず、既存店舗を合せた全体としての収益性を重視した。そのため、ダイエーとの直接的な競争があったのにも関わらず、サンエー全体としての経営状況は良好であった。日々の業務の改善により、顧客にとって魅力的な店舗をつくった。

マチナトショッピングセンターで蓄積した知識や経験、ノウハウといった経営資源は、1990（平成2）年に本島中部地区の北谷町北前に出店した「ハンビータウン」などの郊外型GMSの経営に活かされた。地域ごとのニーズに合わせた大型店舗と小型店舗の連動的な組み合わせによる出店戦略により、サンエーは地域の市場シェアを獲得した。

その後も、競合企業からの競争圧力は高まり続けた。1987（昭和62）年にはリウボウとファミリーマートの共同出資による沖縄ファミリーマートが設立され、コンビニエンス・ストアを展開した。1990（平成2）年にはジャスコがプリマートとの合弁による沖縄ジャスコ（現在のイオン琉球）を設立し、スーパーマーケットの「ジャスコ」（1998年にマックスバリュに名称変更）をチェーン展開した。沖縄ジャスコは1999（平成11）年にプリマートを吸収合併し、県内市場への進出を本格化させていくことになる。このほか、洋服の青山、ユニクロ、トイザらスといったカテゴリーキラーの県内進出もはじまり、攻勢を強めた。

競合企業との競争が厳しさを増すなか、折田は1993（平成5）年に経営上の安全数値ラインを設定した。具体的には、①借入金を売上高の25％以内、金利負担を同1・5％以内とする。②利益は売上高の3％以上とする。③損益分岐点は90％以下とする。以上のような数値目標を設定した。数値目標の達成を経営の基本に置くことで、他社との競争に振り回されない、自社が立脚すべき軸を明確にした。[9]

事業の強化と新たな管理体制への移行

1989（平成元）年、サンエーは日本流通産業が組織するニチリウグループに加盟した。日本流通産業は「小異を存して大同につく」を理念に掲げ、1974（昭和49）年に平和堂、イズミ、オークワ、ライフコーポレーション、さとうなどのチェーンストアーが設立した共同仕入機構である。1995（平成7）年にはプライベートブランド商品である「くらしモア」を開発し、加盟企業に供給した。

一般的に、小売業がプライベートブランド商品を販売する目的には、低価格販売の実現、利益確保、品質の差別化、多ブランド化による顧客誘引、ストア・ロイヤリティの向上、商品の安定供給などがある。沖縄県内ではダイエーがプライベートブランド商品である「セービング」を投入し、先行していた。サンエーはニチリウグループに加盟することで、プライベートブランド商品「くらしモア」を供給し、対抗した。くらしモアはサンエーの商品構成の約2割を占める主力商品となった[10]（Padberg 1968、矢作 2014、川端 2016）。

また、サンエーは１９９５年に電器部を発足させ、家庭用電気製品の販売にも乗り出した。店舗の大型化により、売り場面積に余裕があったことから、家電の販売が可能となった。ただ、家電に関する製品情報やノウハウがなく、また、家電販売店としての知名度もなかった。そこで、広島県に拠点を置く家電量販大手のダイイチ（現在のエディオン）とフライチャイズ契約を結び、県内における家電販売事業へ参入した。電器部はサンエーの主要事業部門の一つとして成長を遂げることになる（宮城２０１４）。

折田はサンエーの事業を小売業のみならず、リゾートにまで広げていく構想も描いていた。バブル経済を背景に、沖縄では本島西海岸を中心とするリゾート開発が進んだ。観光は県の主要産業となった。折田も恩納村真栄田にある与久田ビーチの土地を取得し、リゾート開発を計画した。折田は県外からの観光客を主たる対象とはせず、地元民が余暇を過ごすことのできるレジャーの場として、活用することを考えていた。しかし、その夢は１９９５年に折田が急逝したために叶わなかった。享年68であった。

折田の死去を受け、社内では新たな管理体制への移行が進められた。後継者として、代表取締役会長に折田譲治が、代表取締役社長に上地哲誠が就任した。折田譲治は折田の娘婿であり、東京に拠点を置くゼネコンの池田建設、沖縄に拠点を置く建設コンサルタントの国建設計工務（現在の国建）を経て、１９８３（昭和58）年にサンエーに入社した。サンエーの大型物件の開発や運輸・流通センターの建設で手腕を発揮した。また、上地は宮古農林高校（２０１０年閉校）を卒業後、国際旅行社を経て、1970（昭和45）年に設立直後のサンエーに入社した。上地は折田百貨店の時代から折田を慕っていた。折田とともに現場に立ち、衣料品、食品部門をサンエーの主力事業に育て上げた。折田の経営理念・哲学が、残された社員に引き継がれた[11]。

3　新たな経営段階

大規模店舗の出店

上地を中心とする新たな経営体制の下で、1996（平成8）年に豊見城村（現在の豊見城市）高安に豊見城ウィングシティ、1999（平成11）年に具志川市（現在のうるま市）江洲に具志川メインシティ、2000（平成12）年に本島南部の南風原町津嘉山につかざんシティなど、大規模なGMSを次々と出店した。

そして2002（平成14年）年には、那覇市おもろまちに那覇メインプレイスを出店した。おもろまちがある那覇新都心地区（約214ヘクタール）は1953（昭和28）年に米軍に強制収容され、米軍関係者が居住する牧港住宅地区として使用されてきた場所であった。1987（昭和62）年に全面返還され、土地区画整理事業を経て、1997（平成9）年から次第に開放された。商業施設の建設も計画され、地権者である那覇新都心173街区開発期成会が募集をかけたところ、ダイエー、マイカル、ジャスコの3社が商業地区への出店を希望した。最終的に経済条件や企業実績から、ダイエーが事業者に選ばれた[12]。

ところが、2000年にダイエーが経営環境の悪化を理由に、那覇新都心への出店を断念した。地権者が再度募集をかけたところ、ジャスコ、大和工商リース、サンエーの3社が応募した。サンエーは1997年時点では企業体力的に那覇新都心への出店は困難であると判断した。しかし、再募集がかけられた2000年までの3年間に、各地に大型店舗を出店し、店舗経営の知識やノウハウ、実績を蓄積してきた。財務的にも力をつけてきた。こうしたことから地権者の信頼を得て、サンエーが事業者に選ばれた。サンエーは約90億円を投じて、敷地面積約3万5600平方メートル、延床面積約12万7600平方メートルの店舗を建設した。那覇メインプレイスはサンエーの旗艦店となった[13]。

那覇メインプレイスでは、社内に蓄積された経営資源が店づくりに活かされた。たとえば、同店では売り場をあえて狭くみせる工夫がなされた。沖縄の消費者は、店舗面積が広すぎると、ついで買いをせずに必要なものだけを買って帰ってしまうという傾向がある。顧客の滞在時間を伸ばすためには、売り場の広さを感じさせず、回遊性を高める必要があった。また、来客数の増える時間帯が、年齢層により異なるため、時間帯ごとの顧客層に対応した接客体制を整えた。このように、地元企業として蓄積してきた知識や経験を活かした店づくりがなされた[14]。

戦略的提携の推進と企業成長

２００５（平成17）年、サンエーは東京証券取引所市場第二部に上場した。さらに２００６（平成18）年には東京証券取引所市場第一部に上場した。２０２０年（令和２）年時点で、沖縄県内に本社を置く企業で、東証一部に上場している企業は沖縄電力、琉球銀行、沖縄銀行、サンエーの４社のみである。

東証一部上場の前後から、サンエーは県外企業との戦略的提携を活発化させた。たとえば、外食部では和食の和風亭、かつ乃屋、喫茶店の珈琲待夢などといった独自の飲食店を出店してきたが、２００２（平成14）年に大分県に本社を置くジョイフルとフランチャイズ契約を結び、ファミリーレストランを展開した。さらに２００９（平成21）年には東京都に本社を置くイートアンド（大阪王将）と、２０１２（平成24）年には東京都に本社を置くタリーズコーヒージャパン[15]（タリーズコーヒー）と、２０１４（平成26）年には東京都に拠点を置くフェニックス（ピザハットエクスプレス[16]）と、それぞれフランチャイズ契約を結び、全国ブランドの外食チェーン店を展開した。

また、２００６年にはドラッグ部を創設し、千葉県に本社を置くマツモトキヨシとフランチャイズ契約を結んだ。さらに２００９年１月には東京都に拠点を置くローソンと業務提携を結んだ。同年９月にローソンがローソン沖縄を設立して分社化し、同年12月にサンエーがローソン沖縄の株式の過半を取得して（発行済株式総数の51％）、コンビニエンス・ストア事業に参入した。このほか、２０１２年に東京都の東急ハンズとフランチャイズ契約を、２０１３（平成25）年に東京都の良品計画と無

2016年に開業したサンエー浦添西海岸 PARCO CITY

印良品のライセンスト・ストア契約を結び、店舗を展開した。２０１６（平成28）年には、ファッションビルを展開する東京都のパルコとの合弁で、サンエー浦添西海岸ＰＡＲＣＯ ＣＩＴＹを開業した。

既述のとおり、サンエーでは自主独立の精神を掲げており、共同仕入機構であるニチリウグループへの加盟、家電量販店のダイイチとのフランチャイズ契約締結の事例を除き、これまでに他社との提携に必ずしも積極的ではなかった。したがって、２００２年以降の戦略的提携の動きは、これまでにはみられなかった新たな経営展開といえる。

サンエーは新たな経営展開により、自主独立の精神を放棄したわけではなかった。本土企業の良いものは謙虚に学び、サンエー流にアレンジしながら、自社の経営を貫き通すという基本的な考えがあった。たとえば、マツモトキヨシとの提携では、ドラッグストアの品揃えや店舗作りのノウハウをマツモトキヨシから学び、店舗運営面ではすべて女性店長を登用するなど、サンエーのノウハウを加えた。これにより、仕入れ条件や新商品に関する情報など、単独参入では入手が困難な情報を、マツモトキヨシから収集する一方で、販売面においては輸入洗剤の充実や、深夜営業の展開など、地元企業として蓄積してきた知識や経験を店づくりに活用した。全国のマツモトキヨシのチェーン店のなかでも、売上・利益などの面で優良店舗をつくりあげた[17]。

また、沖縄ファミリーマートの出店から約20年遅れての参入となったコンビニエンス・ストア事業では、ローソン沖縄への出資により、ブランド・イメージを活用するとともに、小規模店舗の運営や情報システムの構築、フランチャイズ展開のノウハウなど、ローソンが蓄積してきた経営資源を活用した。かつてダイエーの系列にあったローソンは、沖縄に店舗がなかった時代からテレビでの全国CMを放映しており、沖縄での認知度も高かった。こうした外部の経営資源を活用することで、後発企業としての不利を補った。

一方で、ローソンとの合弁事業では、プライベートブランド商品である「ローソンセレクト」の共同開発に参加し、タコライスや沖縄そばなどといった沖縄限定商品を発売した。これらの商品開発には食品事業のなかで培った、惣菜販売に関する知識が活かされている。なお、ローソンセレクト商品はコンビニエンス・ストアのみならず、サンエーの食品売り場でも販売された。沖縄という小さな市場では販売量が限られているため、スーパーマーケットでもローソンセレクト商品を販売することで、スケールメリットに結びつけた。また、くらしモアに次ぐ新たなプライベートブランド商品をスーパーマーケットに投入することで、他社との差別化につなげた（Value Creator 2014）。

このように、サンエーでは社内外の能力を創出・活用しながら、破壊的イノベーションを実現した。フラットな組織構造や独自の企業文化が環境変化への感度を高め、経営資源の迅速な活用や、新

図表５－１　売上高の推移

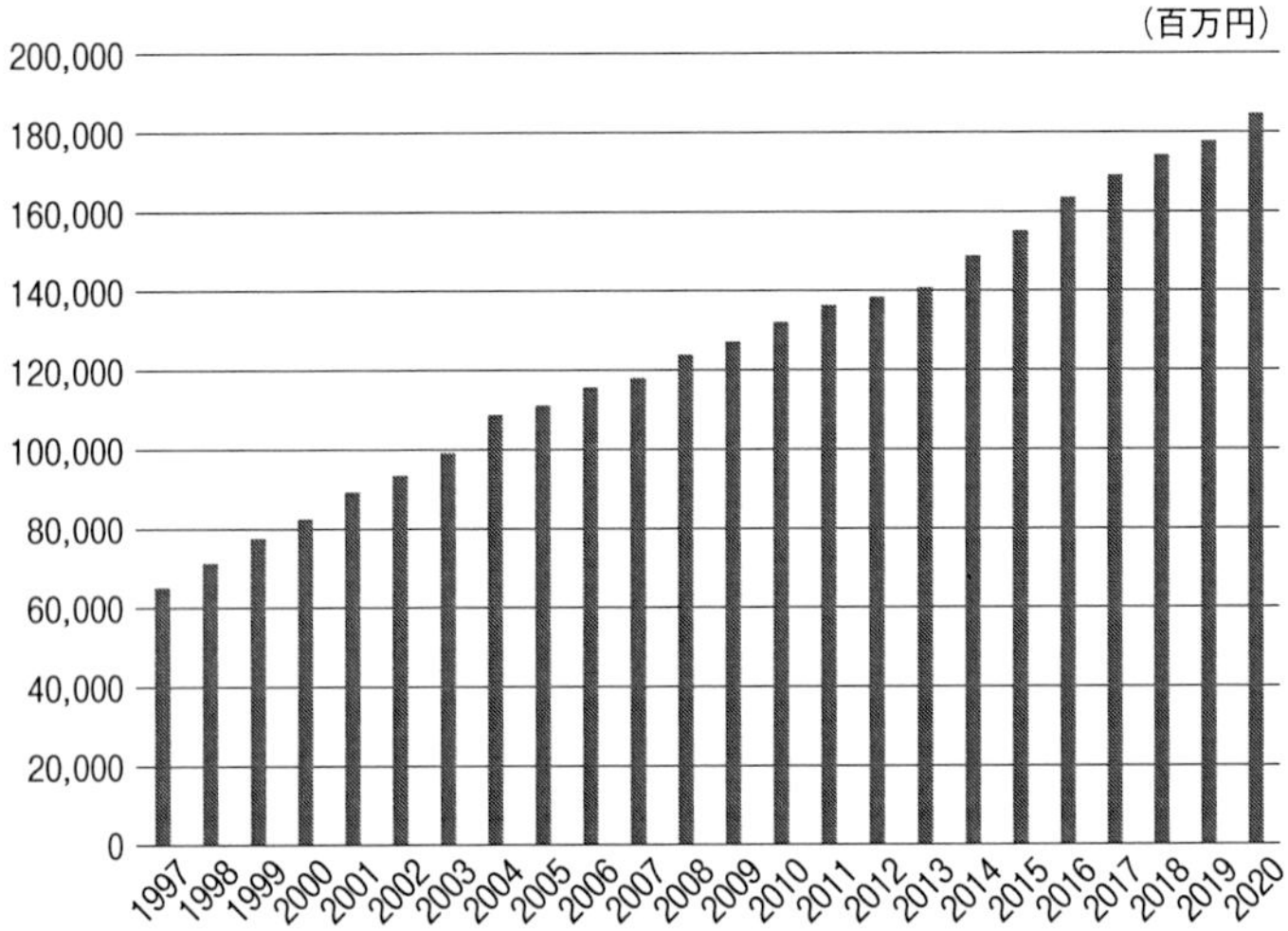

（出所）サンエー「有価証券報告書」各年度より作成。

図表５－２　当期純利益の推移

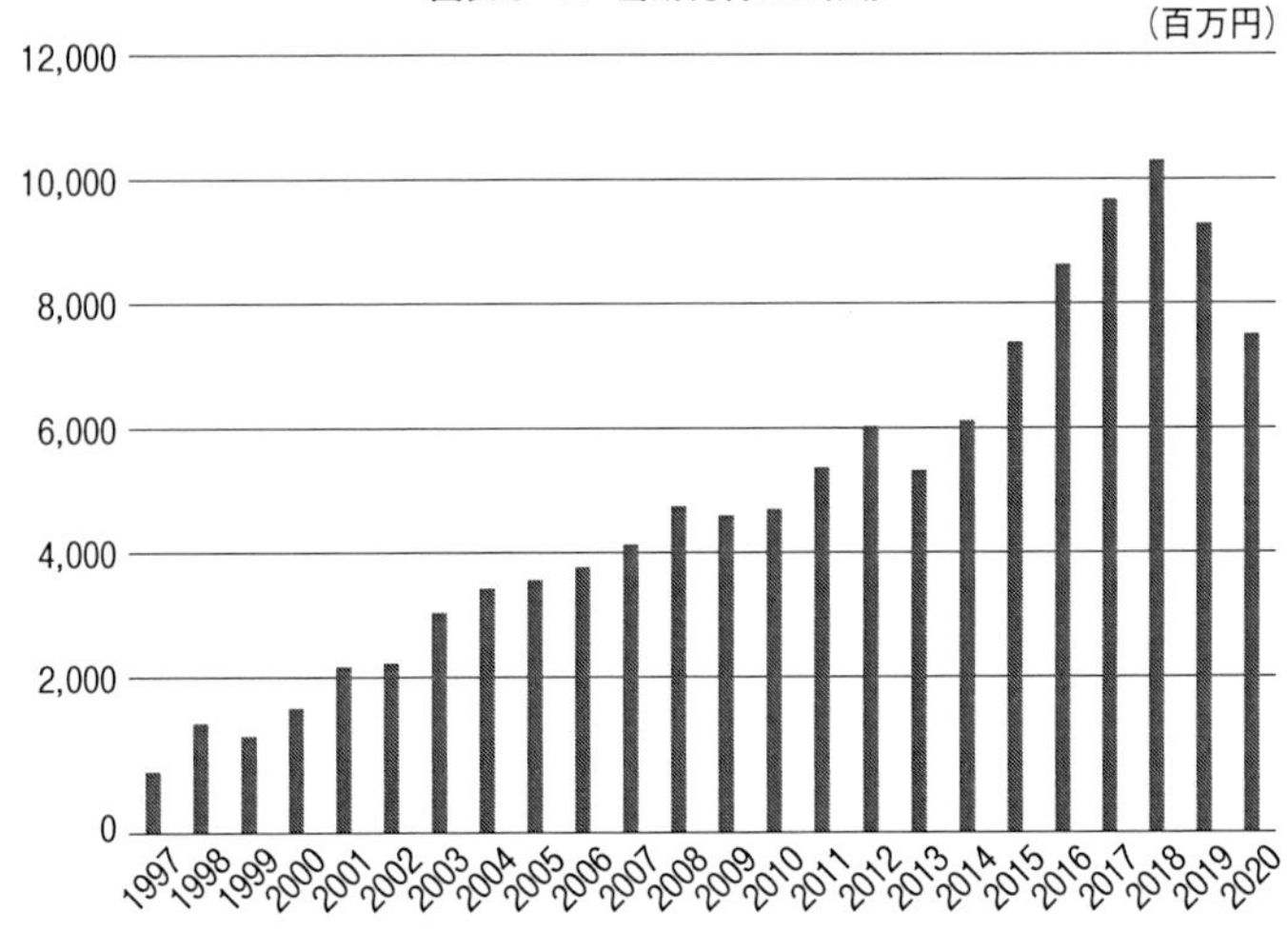

（出所）サンエー「有価証券報告書」各年度より作成。

たな結合を可能にした（Teece 2009、與那原 2010）。

また、事業運営の要となる人材の採用においては、各事業部で必要とされる人材を本社人事部が一括採用するのではなく、事業部ごとに現場の状況に合わせて採用した。たとえば、大学新規卒業者の採用では、各事業部の責任者が集い、ドラフト会議方式で応募してきた学生の採用選考を行う。部署と学生の相性や将来性を綿密にマッチングさせている。その結果、小売業は離職率が高い業界であるが、サンエーの離職率は低い水準で保たれている[18]。

サンエーは2014年度には、沖縄県内法人企業利益ランキングにおいてトップ企業となった[19]（東京商工リサーチ沖縄支店調査）。那覇メインプレイスに代表される大型店舗の出店ならびに、その後の戦略的提携に基づく新事業開発により、全国の小売業のなかでも高い利益率を維持した（図表5－1、5－2）。売上を効率的に利益に変える能力を有する企業となった（宮城 2014）。

［注］

1 インタビューでの調査に基づく。財界九州社（1994）も参照されたい。

2 インタビューでの調査に基づく。「日本経済新聞」地方経済面 西部特集1989年8月11日も参照されたい。

3 プラザハウスショッピングセンターを運営するローヤル・トレーディング・シンディケイト（香港資本）は、顧客対象を「非琉球人のみ」とし、外資導入免許を取得した。同規制は1966（昭和41）年に解除申請がなされ、顧客を「琉球人及び非琉球人を対象とする」ことが認められている。

4 詳細については、「日経流通新聞」1986年8月28日を参照されたい。

5 サンエーの2015（平成27）年度の販売実績をみると、衣料品147億8300万円、住宅関連用品473億7500万円、食料品935億4900万円、外食77億5100万円となっている。なお、コンビニエンス・ストアは3億8500万円である。詳細については、サンエー「有価証券報告書」(第46期)を参照されたい。

6　たとえば2016(平成28)年度時点の役員では、取締役会長(代表取締役)の折田譲治が35歳で取締役・社長室長(1984年1月)に、取締役社長(代表取締役)の上地哲誠が29歳で取締役・衣料部長(1978年4月)に、専務取締役・営業担当の中西淳が33歳で常務取締役(平成5年5月)に、常務取締役・管理、コンプライアンス、リスク管理担当の今中泰洋が30歳で取締役・人事部長(1995年2月)に就任している。また、衣料部、ドラッグ部などでは20歳代の女性店長もいる。

7　新興国市場で成長しているアジアのリーダー企業の特徴として、吉原英樹は次のような点を指摘している。「若い創造者型経営者、経営者の決断力・行動力・挑戦の精神・革新の精神、強力なリーダーシップ、トップダウンの迅速な意思決定、スピード経営、リスクテイキングな投資、高い目標(世界一をめざす)、信賞必罰のきびしい成果主義人事、外部経営資源(技術など)の活用、現地市場ニーズに適合した製品・サービス、低コスト・オペレーション」である(吉原 2015)。こうした特徴のいくつかをサンエーは持っていることから、アジアのリーダー企業的な経営の特徴を有している企業とみることもできる。

8　東京商工リサーチ那覇支店「興信特報　業界売上高ランキング(昭和59年4月期～60年3月期)」に基づく。

9　詳細については、「日経流通新聞」1993年7月8日を参照されたい。

10　詳細については、琉球新報社編集局政経部(1998)を参照されたい。なお、サンエーでは米国・シカゴに本社を置くアジェントリクスの電子商談システムを利用し、国際商品調達を行っている(川端 2012)。

11　詳細については、琉球新報社編集局政経部(1998)ならびに、サンエー「有価証券報告書」(第46期)を参照されたい。

12　詳細については、「沖縄タイムス」1997年4月17日を参照されたい。

13　詳細については、「日経流通新聞」2002年11月16日を参照されたい。

14　詳細については、「日経流通新聞」2002年11月16日ならびに「日経流通新聞」2003年7月29日を参照されたい。

15　同社は米国・シアトルに拠点を置くTully's Coffee Corporationと伊藤園の合弁会社である。

16　同社は日本KFCホールディングスグループの傘下企業である。

17　詳細については、「日経流通新聞」2007年4月30日を参照されたい。

18　インタビューでの調査に基づく。

19　詳細については、「琉球新報」2015年12月26日を参照されたい。

第6章

グローバル性を内包したローカルな地からの飛躍

——観光・沖縄ツーリスト

1　観光産業の萌芽

旅行会社の創設

１９５８（昭和33）年、東《ひがし》良恒《りょうこう》と宮里政欣《せいきん》を中心とする20代の若者たちにより、沖縄ツーリストが創設された。東は１９３０（昭和５）年に石垣島の大浜村（現在の石垣市）にて誕生した。終戦後の１９４７（昭和22）年に沖縄本島具志川村（現在のうるま市）に設立された沖縄外国語学校に進学し、語学を学んだ。１９４６（昭和21）年９月に開校した沖縄外国語学校は、戦後復興を担う人材を育成するために設立された学校であった。[1] 約３カ月間、東は英語を学び、在学中に翻訳官・通訳官の認定書を取得した。

同校を卒業後、東はフィリピン航空に入社した。フィリピン航空は１９４９（昭和24）年より東京、沖縄、マニラ間で国際便を運航することを計画した。同社は沖縄で空港業務を担当できる人材を必要としており、東を採用した。入社後、東は那覇空港にて乗降客の各種手続き、乗り継ぎ客の案内、荷物の仕分けといった業務を担った。

一方、宮里は１９２８（昭和３）年に沖縄本島北部の今帰仁村にて誕生した。宮里も１９４７年に沖縄外国語学校に進学し、語学を学んだ。卒業後はＡＪ建設、そして後にアイランド・エンタープライズといった外資系企業に入社した。アイランド・エンタープライズはタクシー事業のほかに、自動車販売、自動車修理を手掛ける企業であった。宮里は通訳兼人事担当として勤務した。アイランド・エンタープライズのタクシー事業部門がフィリピン航空と業務提携を結んでいたことから、連絡担当者であった東と知り合った。

戦後間もなく、沖縄では旅行会社が設立された。一つは１９４８（昭和23）年に設立されたリウボウ船舶旅行社であった。同社は貿易会社であった琉球貿易商事が立ち上げたもので、主に南米への海外移民の送り出し手続きや、船舶切符の予約・発券を行っていた。

もう一つの旅行会社が１９５３（昭和28）年に設立された沖縄旅行社であった。同社は琉球商工会議所のメンバーが設立したもので、船舶による旅客の手配や移民の送り出しを行っていた。このように、当時設立された旅行会社は沖縄からの移民の送り出しを主たる業務としていた。戦争により焦土と化した沖縄では、住民の生活は困窮を極めた。郷里を離れ、海外での新たな生活を送ることを試みるものが多かった。

そのようななか、日本航空が東京、那覇間の航空便を就航させることになった。沖縄での予約・発券業務を担う総代理店が必要となり、沖縄旅行社がその業務を請け負った。ただ、船舶業務が中心であった沖縄旅行社には、航空業務に関する知識や経験を持った者がなかった。そこで、フィリピン航空で働く東をスカウトした。

平和な時代の訪れが感じられるなか、東は旅行業界に将来性を見い出し、沖縄旅行社へ転職した。

彼はアイランド・エンタープライズに勤めていた宮里も同社へ誘った。当時、宮里は約150名の従業員を統括する立場にあった。琉球政府行政主席の給与が6000B円という時代に、宮里は8000B円の給与を得ていた。東から旅行業の将来性を説かれ、宮里は恵まれた職を離れ、沖縄旅行社に入社した。

東と宮里の業務は、東京から来た旅客の香港への送り出し手続きや、沖縄での宿泊先の手配、飛行機の燃料・貨物量・旅客数の重量計算などであった。このほか、彼らは米国民政府に働きかけて台湾に拠点を置くCAT（Civil Air Transport）と提携し、那覇と石垣を結ぶ離島への定期便を開設した。

沖縄ツーリストの創立

1958（昭和33）年10月1日、東と宮里は沖縄旅行社を退職し、新たに旅行会社を設立した。社名を沖縄ツーリストとし（資本金3万ドル）、社長に東が就任した。創業メンバーは東、宮里のほかに沖縄旅行社を退職した4名の若者であった。那覇の国際通りに店舗を借り、事業を開始した。沖縄ツーリストの創立時、東らは「地域に根ざし世界にはばたく」を社是として掲げた。事業活動の場をローカル（沖縄）に留めることなく、グローバル（世界）に広げていくことを、創業時から意識した。

現在、沖縄ツーリストではLNG戦略というコンセプトを掲げている。これは同社の活動領域をLocal（沖縄）、National（日本）、Global（世界）に分け、それぞれのニーズに合わせた旅行サービス

図表6－1　沖縄ツーリストの活動領域

顧客＼場所	沖縄へ	日本本土へ	世界各地へ
沖縄の顧客	沖縄の顧客を対象にした離島を含めた域内旅行	沖縄の顧客を対象にした日本本土への旅行	沖縄の顧客を対象にした海外旅行
日本国内の顧客	日本本土の顧客を対象にした沖縄旅行	日本本土の顧客を対象にした国内旅行	日本本土の顧客を対象にした海外旅行
海外の顧客	海外の顧客を対象にした沖縄旅行	海外の顧客を対象にした訪日旅行（沖縄を除く）	海外の顧客を対象にした海外旅行（第三国観光）

（出所）沖縄ツーリスト提供資料に基づく。

を提供するものである。このフレームから、沖縄ツーリストは9つのカテゴリーからなる領域で事業を展開しうることになる（図表6－1）。

創業時の事業展開

沖縄ツーリストの創業時、主な事業は日本本土の顧客の沖縄への受け入れであった。1954（昭和29）年に日本航空が羽田と那覇を結ぶ便を就航させたほか、1961（昭和36）年に福岡と那覇、大阪と那覇を結ぶ路線を開設した。また、全日本空輸も1961年に鹿児島と那覇を結ぶ路線を開いた。1960（昭和35）年に約2万人であった観光客数は、1965（昭和40）年には約6万4千人となった。当時、沖縄を訪れた人々の旅の目的は、沖縄戦で亡くした親族や知人の慰霊と戦跡の参拝であった。終戦からしばらく経ち生活に落ち着きを取り戻すと、沖縄各地に慰霊碑や慰霊塔が建立され、全国各地から慰霊団が訪れはじめた（下地　2012）。

米国統治下にあった沖縄では、日本本土からの来島の際にはパスポートと米国民政府発行の入国許可証が必要であった。入国許可証を得るためには、沖縄在住者を保証人としてつける必要があった。こうしたことから、沖縄ツーリストが来島者の身元保証人を引き受け、各種の入国手続きを行った。沖縄ツーリストでは慰霊団のための宿泊施設や交通手段を確保したほか、社員がバスに添乗して慰霊碑・慰霊塔や戦跡を巡った。慰霊団を案内する際には、可能な限り退役軍人などから情報を集め、訪問客の親族や知人の最期の場を探し出して案内した。訪問地では事前に雑草を刈り取り、バスに果物や花束などのお供えものを用意した。遺族の心に寄り添った旅を提供した。慰霊団受け入れは事業としてみた時に、大きな利益を生み出すものではなかった。しかし、同社では戦争を生き残ったものの使命として、事業に取り組んだ[2]。

慰霊訪問を中心とする観光は、1972（昭和47）年の本土復帰頃まで、沖縄観光の主流となった。沖縄ではまだ大規模な団体旅行を受け入れるだけの宿泊・飲食施設や情報通信設備が整っておらず、道路も未舗装のものが多かった。現在のようなリゾート地としての姿はなかった。

沖縄ツーリストでは1966（昭和41）年に東京事務所（1974年支店に昇格）、1969（昭和44）年に鹿児島営業所、1970（昭和45）年に大阪事務所（1979年支店に昇格）を開設した。顧客の出発地となる場に窓口を置くことで、顧客ニーズを把握したり、現地情報を提供したりするなどして、ツアーを企画した。沖縄の観光産業は萌芽的な段階にあった。市場としての発展可能性が未知な時代に、東らは新たな産業の創出に着手した。

戦没者慰霊と合わせて、やがて日本本土からショッピングを目的とした観光客も増えはじめた。米国統治下の沖縄では日本の関税制度が適用外であったため、時計、装飾品、ウィスキー、タバコなどの外国製品を免税品として安く購入することができた。沖縄ツーリストでは、ＪＴＢ、日本旅行、近畿日本ツーリストなどの大手旅行社が送り出した観光客を受け入れた。

この時期、沖縄ツーリストでは新たな沖縄観光の創出に乗り出した。定期観光バスの「沖縄グレイライン」を運行して、昼間は名所や旧跡を巡るツアーを企画し、夜はナイトツアーとして琉球料理や伝統芸能、夜景スポットへと案内した。また、１９６７（昭和42）年には久米島の地元有志との共同出資により久米島観光開発株式会社を設立し、久米島観光ホテルを開業した。宿泊施設を含め、観光施設の充実を図った。観光業においては供給が需要を生むという考えのもと、観光イベントや施設などを積極的に提供した。

沖縄ツーリストの創業時に東らが取り組んだもう一つの事業が、沖縄の顧客を海外へ送客するものであった。ここでの沖縄の顧客は一般市民ではなく、米軍基地内で働く将校クラスの軍人とその家族や、学校教員であった。ドル経済下の沖縄では、高所得者層である米国人を対象とした旅行は魅力的なマーケットであった。当時、沖縄においてはアメリカン・エキスプレスが米国政府からの要請を受けて、銀行、旅行、保険業務を行っていた。同社の旅行部門は米国人向け旅行商品の販売で、独占的な地位にあった。

こうしたなか、沖縄ツーリストでは顧客の要望に合わせて、香港、台湾、タイ、シンガポール、フィリピン、カンボジア、インド、ネパール、パキスタン、アフガニスタンなどへの海外ツアーを企画した。沖縄ツーリストは会社創立の翌年にあたる1959（昭和34）年2月に国際航空運送協会（IATA）の公認代理店認可を受けており、IATAに加盟する旅行社を通じて海外ツアーを実施した。さらに後には、太平洋旅行業協会（PATA）や世界旅行業協会（WATA）にも加入し、海外旅行事業を拡大した。[3] 1960年3月には広大な米軍基地を抱えるコザ市（現在の沖縄市）に営業所を開設し、海外ツアー商品の販売に力を注いだ。東や宮里のように語学に長けた社員が旅行商品を企画・販売するとともに、自ら添乗員としてツアーに同行した。[4] 手つかずの自然や、冒険的な場が顧客に人気のスポットであった。危険地帯に入る場合には、事前に海外で暮らす県系人のネットワークを活用して情報を集め、顧客の安全を確保した。

沖縄ツーリストによるきめ細やかなサービスが、顧客に評判となった。やがてアメリカン・エキスプレスが世界的な規模で事業再編を進めると、沖縄の旅行部門を沖縄ツーリストに譲渡し、撤退した（1979年）。この時、アメリカン・エキスプレスが保険業務も合わせて譲渡したことから、沖縄ツーリストでは現在でも、米軍基地所属者を対象とする保険業務も行っている。

このほか、沖縄ツーリストでは沖縄からペルーへの移民の送客や、里帰りといった旅行業務も行った。ペルーでは、東のいとこにあたる金城新哲が金城旅行社を経営していた。[5] 金城旅行社を通じて、南米への渡航に関する各種業務を行った。

沖縄からの旅行需要

戦後の混乱のなかから落ち着きを取り戻しはじめると、次第に沖縄の一般市民からの旅行需要が高まった。旅の目的は海外戦没者の慰霊であった。戦前、沖縄からは多数の人々が移民として海を渡った。渡航先はブラジル、ペルー、アルゼンチン、フィリピンや南洋諸島であった。特に南洋諸島では日本からの移民のうちの6～8割を沖縄出身者が占めていた（新城 2014）。

海外移住者のなかには入植地で戦渦に巻き込まれ、命を落としたものがあった。こうした戦没者を慰霊する旅への要望が高まった。当時、アジア各地では反日感情が強く、旅程での危険がともなった。そこで、たとえばフィリピンのダバオでは、同地出身のものを添乗員として派遣し、現地住民の理解を得るなどしてツアーを開催した。

沖縄からのもう一つの旅行需要は日本本土への旅であった。日本国内で暮らす親族・知人との面会や、観光を目的とした旅行へのニーズが高まった。さらには、教育を目的とした修学旅行が企画された。沖縄ツーリストでは那覇市のほかに、名護町（現在の名護市）、石垣島や宮古島など各地に営業所や支店を開設し、旅行業務を拡大した。沖縄各地に販売網を張り巡らし、顧客のニーズに合わせたツアーを企画した。

当時、沖縄から日本本土へ渡るためには高等弁務官が発行する渡航証明書（1967年以降はパスポート）が必要であった。沖縄ツーリストでは各種の手続きを行うほか、団体旅行客の輸送や宿泊、食事などを手配した。東京、大阪、鹿児島など、日本各地に開設した支店や営業所と連携し、業務を行った。各地の支店・営業所は旅客の出発地としての予約受付業務のみならず、到着地としての受入業務も担った。情報通信網が未整備の時代にあって、本社や支店・営業所間での分業的な業務体制は旅行の質を高める重要な役割を果たした。

沖縄における観光産業の育成

1967（昭和42）年、東は米国民政府の国民指導計画に基づいて実施された観光産業視察に参加した。慰霊団やショッピング観光の増加を受け、米国民政府が沖縄における観光産業の発展可能性を見い出したためであった。この視察のなかで、東らは米国本土やプエルトリコ、ハワイを訪問した。シアトルで開催されたPATAの国際会議では渡航手続きの簡素化、空港施設の拡充などに関する会議に参加したほか、米国政府ならびに米国航空局が開催する観光政策に関する講演に出席した。[6]

プエルトリコでの視察では、観光産業により急速な経済発展を遂げる同国の姿を目の当たりにした。東は1961（昭和36）年に青年会議所の世界会議の際に同国を訪れており、その変貌ぶりに驚いた。プエルトリコ政府の積極的な観光政策やユニークな広報宣伝活動が、同国観光産業の発展要因にあると考えた。

沖縄においては戦前より、観光産業の育成が図られていた。1937（昭和12）年に大阪商船が大阪・神戸と沖縄を結ぶ航路を開くとともに、「沖縄視察団」の募集をはじめた。大阪商船による沖縄観光の動きと呼応して、1936（昭和11）年に沖縄観光協会が設立され、名勝・史跡などの観光地の宣伝、県産品の紹介、観光施設の改善、観光コースの設定など、観光産業の育成が試みられた（下地 2012）。

しかし、当時の沖縄はソテツ地獄と呼ばれる慢性的な経済不況のなかにあった。沖縄の風景は貧困の地であり、観光地としての魅力に欠けていた。さらに戦時色が強まり大型船舶が軍に徴用されると、大阪商船による沖縄ツアーも中止された。観光への関心が薄らぎ、産業としての発展をみることはなかった。束は過去に失敗に終わった沖縄観光産業の発展可能性と課題に向き合った[7]。

2　観光産業と沖縄のアイデンティティー

観光市場の開発

1972（昭和47）年に沖縄が本土に復帰すると、1973（昭和48）年に若夏国体、1975（昭和50）年に沖縄国際海洋博覧会などの大型イベントが開催された。特に、沖縄国際海洋博覧会は沖縄で開催される初めての国際的なイベントであった。博覧会開催期間中には約350万人の来訪者があった。沖縄ツーリストでは福岡営業所や名古屋営業所を新たに開設するなどして、12万5千人の旅客を受け入れた。また、日本航空がイタリア、ドイツ、フランス、米国、香港、インドネシアなどで募集した外国人ツアー客約6千人を受け入れた。在沖米国人を対象とした旅行の企画・販売の経験と知識が、訪日観光受け入れを可能にした。

沖縄国際海洋博覧会はオイルショックを背景に、当初の来場者目標数500万人を3割も下回った。さらに、投機的な建設ラッシュが終焉したことから、「海洋博後遺症」と呼ばれる深刻な経済不況を引き起こした。ただ、観光産業に対する認識の高まりや、社会インフラの整備に重要な影響を与えた。博覧会の開催に合わせて、国営の海洋博公園が建設されたほか、道路、空港、港湾、治水、上下水道、ゴミ・し尿処理施設、公園、通信施設などの社会インフラが整備された。また、宿泊施設や土産品店、飲食店などの設立が相次いだ（下地 2012）。

たとえば、この時期に沖縄県内最大の建設業であった國場組が、恩納村の海岸沿いにホテル・ムーンビーチを開業した（1975年）。総投資額は50億円を超え、國場組の社運をかけた大型事業となった。同ホテルは県内初の大型リゾートホテルであり、その後の海洋観光のモデルとなった[8]。

ホテル・ムーンビーチをはじめとする宿泊施設や観光施設の供給は、さらなる沖縄観光の需要と結びついた。1976（昭和54）年頃から、JTB、日本旅行社、近畿日本ツーリストなどの旅行社が沖縄に支店や営業所を開設し、日本国内から沖縄に旅行客を送り出すようになった。また、1977（昭和52）年に日本航空、全日本空輸の航空会社2社が沖縄キャンペーンを展開し、入域客数の増加に拍車をかけた。

観光客の増加はさらなる宿泊施設や観光施設の建設を促した。沖縄本島北部の海岸公園沿線や、離島の海辺沿いにリゾートホテルが開業した。ハワイのホリデーイン・ワイキキの支配人であった桃原喜三が、日航那覇グランドキャッスル（現在のダブルツリーbyヒルトン那覇首里城）、サンマリーナホテル（現在のシェラトン沖縄サンマリーナリゾート）、フサキリゾートヴィレッジ（現在のフサキビーチリゾート）などの立ち上げや改革に力を尽くした。ハワイは沖縄から多くの人々が移民として渡った地であり、復帰前からハワイ観光に関する視察や研修、親善交流が行われていた。東洋のハワイというコンセプトのもと、沖縄のリゾート地域開発が進められた。

沖縄における観光産業の拡大を前に、沖縄ツーリストでは１９７９（昭和54）年に富士通製のコンピューターシステムを導入したほか、１９８５（昭和60）年に各支店・営業所にＮＥＣ製端末を配備し、本社とオンラインで結んだ。情報通信システムへの投資を行い、業務効率を高めた。また、ホテルリゾートやトラベル、グランドホステスなどの業務を担う人材を育成するために、１９８６（昭和61）年に国際ツーリズム専門学校を設立した。さらに、１９８８（昭和63）年にＯＴＳ観光開発株式会社（現在の株式会社ＯＴＳサービス経営研究所）を設立し、観光に関わる調査やコンサルタント、企画開発、広告代理などの事業を請け負った。沖縄観光の成長・発展を支援した。

沖縄観光の魅力としての歴史・伝統・文化・心

この時期、沖縄観光産業に刺激を与える新たな動きが生じた。地元新聞社の琉球新報が１９８４（昭和59）年から2年にわたり、連載記事「世界のウチナーンチュ」を掲載し、さらに地元テレビ局の沖縄テレビ放送が１９８７（昭和62）年からテレビ番組「世界ウチナーンチュ紀行」を放映した。

ウチナーンチュとは沖縄人を意味する言葉である。これら新聞やテレビは、沖縄から海外へ移民として渡った人々のその後や、子孫たちの暮らしを紹介した。

新聞記事やテレビ放映を通して沖縄の人々が目にしたのは、県系移民の人々が、時代や世代を超えてなお、「命どぅ宝」、「ちむぐくる」、「ゆいまーる」といったウチナーンチュの精神を持ち続け、伝統や文化、慣習を大切に保ち、力強く生きている姿であった。この姿に、多くの県民が衝撃を受けた。そこには沖縄の原風景があった。激動のなか、慌ただしく過ぎ去ってゆく日々のなかで次第に薄らぎつつあったウチナーンチュの精神が思い起こされ、自分たちのアイデンティティーを見つめ直すきっかけとなった。沖縄の歴史や文化の本当の価値が再認識され、伝統工芸、音楽、芸術など、地域に根ざしたものを県民自らが誇りに感じるようになった。「しまーぐぁー」として、低く評価してきた県産品が愛用されるようになった（白水 2018）。

このような内面の見直しは、沖縄観光の魅力を高めた。安室奈美恵やBEGIN、かりゆし58といったミュージシャンが全国区で活躍し、NHKの連続小説ドラマ「ちゅらさん」が放映されると、優しさや癒しといった面で沖縄観光が評価されるようになった。この動きは沖縄ブームと呼ばれた。

さらに、沖縄では海外との交流も活発になった。1987年、沖縄の代表的な製造業の一つであるオリオンビールが創立30周年を迎えた。同社は記念事業として「花の国際交流使節団」を企画した。沖縄から多くの人々が移民として渡った南米やハワイの熱帯花木を、県内に移植するものであった。移民の歴史を顕彰するとともに、熱帯花木が咲き誇る地として、沖縄観光の魅力を高めようとした。[9]

オリオンビールはハワイ、ボリビア、ブラジル、アルゼンチンにある沖縄県人会に種子の採取を依頼し、沖縄に送り届けてもらった。そして沖縄県内から応募者261名からなる交流団を組織し、県系人が暮らす地を訪れた。この交流ツアーの運営を担ったのが沖縄ツーリストであった。交流を通じて、沖縄には130万個の種子が届けられ、その苗木が県内全域に無料配布された。交流ツアーを契機に、沖縄県民と海外在住県系人との間に人的なつながりができた。

国際交流の動きはその後も続いた。1990（平成２）年には沖縄県が主催する「世界のウチナーンチュ大会」が開催された。海外居住の県系人は子孫を含めて約40万人いると推計されている。その県系人を招いて、伝統文化交流、学術シンポジウム、物産展などのイベントが開催された。世界のウチナーンチュ大会は約5年に1度開催されるイベントとなった。

さらに1997（平成9）年には、ハワイ・ウチナーンチュ・ビジネス・グループ[10]（HAWAI UCHINANCHU BUSINESS GROUP、略称：HUB）の下部組織として、世界ウチナーンチュビジネスネットワーク沖縄支部（World Wide Uchinanchu Business Network Okinawa、略称WUB沖縄）が組織された。沖縄にルーツをもつビジネスマンと連携して国際的ビジネス・ネットワークを構築し、経済の活性化を図ろうとした。WUBでは上海と那覇を結ぶ定期貨物船の就航を実現したほか、留学支援による人材育成などを行った[11]。WUBでの各支部間のつながりは必ずしも沖縄を介したものではなく、たとえばブラジル支部とハワイ支部間での交換留学などのように、支部間での交流も活発に行われた。WUBはグローバルな規模での分散型ネットワークという特徴を有した（宮内２

013、白水 2018)。

このように1980年代後半から、海外との国際交流が図られた。国際色の豊かさもまた沖縄観光の魅力を高めるものとなった。

3　競争の激化と環境変化

新たな変化とその対応

1991(平成3)年には沖縄への観光客数が300万人を超え、本土復帰から20年で約7倍となった。観光収入も2750億円を超え、本土復帰時と比べておよそ8倍になった。沖縄ツーリストではこれまで沖縄から日本本土への送客を主たる業務としたが、1990(平成2)年頃からは日本本土からの観光客受入業務の割合が4割を占めるようになった[12]。沖縄専門旅行社としての地位を築いた。旅行取扱額は1975(昭和50)年に44億円だったものが、1990年には197億円となった。15年間で約4・5倍となった(吉崎 2013)。

元号が平成に代わる頃になると、沖縄ツーリストを取り巻く内外の環境に変化が生じた。まず、1994(平成6)年に社長であった東が会長に就任し、副社長であった宮里が社長に就任した。さらに東の長男である東 良和《よしかず》が取締役に就任した。東 良和は1960(昭和35)年に那覇市にて誕生した。彼は早稲田大学を卒業後に日本航空へ入社し、その後に米国コーネル大学のホテルスクール大学院にてホスピタリティ・マネジメントを学んだ。社会経験を積み、沖縄ツーリストに入社した。

この時期、旅行業界では大きな変化が生じた。航空業界における運賃制度の変更が変化の発端となった。航空運賃制度の自由化・規制緩和にともない、各航空会社は事前購入割引運賃を設定した。このため、ホテルと航空券がセットになったパックツアーよりも、個人でそれぞれを手配したほうが、旅行費用が安くなった。団体旅行から個人旅行へと旅行形態が変化した。

個人旅行へと旅行形態が移行するなかで、パックツアーの価格が下落した。パックツアーの販売方法も代理店での店頭販売から、新聞・雑誌で募集するメディア型へと変わった。旅行会社各社は接遇の定例化・マニュアル化によってコストを下げた、画一化された企画商品を開発した。異なる顧客に同一の旅行サービスを、特別価格で提供した（藤井　２０１４）。

こうした業界の変化に対し、沖縄ツーリストでも格安ツアーの「らんらんツアー」を開発したが、同社では価格競争よりも、商品の付加価値を高めることに力を注いだ。たとえば、新宿支店ではアトラストレックとクラブアイランダーの2社との共同で「パプアニューギニア・チャーター便」を企画した。これは未開の観光資源にスポットを当てたもので、現地の部族との触れ合いを通じて、自然と文化を学ぶという双方向的な交流ツアーであった。一つの地域への理解を掘り下げていく旅の試みであった。[13] こうした試みにより、沖縄県外の支店に商品の企画・開発という機能が付加されるとともに、日本国内の顧客を海外に送客するという新たな領域を開拓した。本社とは別組織で、破壊的なイノベーションが試みられた。

顧客の要望に応じた手配旅行にも力を注いだ。沖縄ツーリストでは同じ支店内に企画部門と販売部門を置き、顧客との対話のなかで要望に合わせた柔軟な提案を行った。同社は沖縄県内の大規模な観光・宿泊施設から小さな民宿やダイビングショップまで、仕入先を広くカバーするネットワークを有している。顧客との対話のなかで、社員は自らの体験に基づいた旅の情報を取捨選択し、顧客とともにプランを作り上げた。このように沖縄旅行の到着地に根づいた地元企業ならではの提案により、商品の付加価値と顧客満足度を高めた。

高品質な旅を提供するために、沖縄ツーリストでは人材育成と定着率の向上に努めた。旅行の付加価値を高めるためには営業・販売における提案力が重要になる。提案するためには、社員の旅行の経験値や情報収集能力が鍵を握る。沖縄ツーリストでは、社員は自ら企画した旅行に添乗員として同行する。そうすることで、旅の経験を蓄積するとともに、顧客との関係構築を図っている。社員のキャリア形成を重視し、放送大学を利用した学習施設の設置などにより、学習意欲も高めている。また、雇用面では終身雇用を前提としており、企業内保育を設けるなどして、人材の定着を図っている。旅を企画できる能力をもった社員が企業にとっての重要な経営資源であり、育成・確保が戦略的に重要なものとなっている（宮城 2013）

このほか、沖縄ツーリストでは「OTS友の会」を組織し、約9000名の会員が旅行積立を行っている。沖縄ツーリストの添乗員付きツアーでは、移動中のバス車内での禁酒や、ツアー参加者によ

レンタカー事業部門の「OTS レンタカー」

る自己紹介など、一定の参加ルールを設けている。価値観を共有できる顧客に対象者を絞りこんだツアーを用意している。このツアーの顧客満足度は高く、ロイヤルカスタマーを囲い込み続けている。

さらに、沖縄ツーリストではレンタカー事業を拡大し、同社の収益の柱の一つにしている。既述のとおり、１９６７（昭和42）年に東 良恒が観光産業視察のために米国などを訪問するが、その際にレンタカーによる個人観光の姿を目にした。この時、東はレンタカーが公共交通の未発達な沖縄に適した観光形態ではないかと考え、ＯＴＳレンタカーを立ち上げた（１９７０年）。設立当初は利用客数が伸び悩んだものの、個人旅行が主流になるなかで、次第にレンタカー事業が拡大した。同事業は沖縄ツーリストの旅行プランのなかに組み込まれるなどして、本業との相乗効果を生み出している。ＯＴＳレンタカーは２００９（平成21）年に北海道へ、２０１７（平成29）年にニュージーランドへも進出している。

このように、沖縄ツーリストでは価格競争に巻き込まれない、新たな事業活動を展開した。２０１９（令和元）年度時点で、同社の総取扱高は２７２億円となった。社員数も４７４名を数えるまでになった。

グローバル化の推進

沖縄ツーリストは創業から一時的な観光不況などを乗り越え事業を展開してきたが、１９９９（平成11）年、会長の東が死去した。享年69であった。事業の中心的な存在であった東を失い、沖縄ツーリストの経営は宮里や東の息子である東　良和らに引き継がれた。２００４（平成16）年に宮里が会長に、東　良和が社長に就任した。さらに２０１４（平成26）年には東　良和が最高経営責任者会長（ＣＥＯ）に就任するとともに、県内と県外を独立採算にする事業部門制（カンパニー制）を導入した。

沖縄ツーリストでは新体制の下でも「地域に根ざし　世界にはばたく」という社是に基づいた経営を展開した。近年では特に「世界にはばたく」という後者の部分を重視しつつある。国内市場の飽和や成長率の鈍化とは対照的に、海外市場は成長し続けており、海外顧客を対象にした事業に軸足を移している。同社の歴史を振り返ると、創業時から外国人を対象とした事業を展開しており、国内の他の旅行会社とは異なる経験を有している。海外顧客を対象とした事業は、他社との競争上の差別化につながる領域となる。

旅行部でのミーティングのようす

沖縄ツーリストは２０１７（平成29）年時点で、韓国、台湾、香港、シンガポール、ニュージーランドに関連企業を置いている。たとえば、韓国や台湾では長年付き合いがあった現地の旅行会社を買い取り、海外事業を行っている。沖縄への送客というインバウンドビジネスのための窓口になっているほか、台湾、韓国、香港などの顧客をニュージーランドへ送客するなど、海外の顧客を世界各地へ案内する旅行も展開している。いわゆる第三国観光という新たな事業である。

また、シンガポールでは２０１４（平成26）年に現地法人子会社を設立した。代表に東が、取締役に同社副社長の中村靖とＷＵＢシンガポール会長の遠山光一郎が就任した。ＷＵＢの人的ネットワークを活用し、東南アジア地域からの訪日需要に応えようとしている。沖縄ツーリストではムスリム市場に注目しており、その拠点としてのシンガポールが、沖縄や北海道への送客の場となった。ムスリムの受け入れでは、ホテルや飲食施設でのハラル認証食材の使用や、各施設における礼拝スペースの設置、ムスリムに配慮したガイド冊子の編集など、文化に配慮した旅行が企画された[14]。

このように沖縄ツーリストは、沖縄というローカルの地への貢献を意識しつつも、かならずしもその地だけに固執しないという姿勢でグローバル化を推進している。こうした取り組みにより、沖縄ツーリストの顧客の3割を外国人客が占めるまでになった[15]。海外拠点の拡充とともに、多様な旅行に対応できる人材の活用と育成が図られている。現在、沖縄ツーリストの社員は県内出身者が5割、県外出身者が4割、外国籍者が1割という比率になっている。多文化共生が人的資源管理の鍵を握っており、開かれたローカル企業としての組織体制を整えつつある[16]。

既述のとおり、歴史的にみて沖縄は日本国内のなかでも国際経験が豊かな場である。琉球国時代のアジア交易の歴史をはじめ、米国統治下時代の経験や海外移民とのネットワークなど、グローバルな多様性を内包してきた。こうした歴史背景は企業のグローバル化を進めるうえでも、社員とのコンセンサスや企業文化の形成などにおいても、積極的な影響をもちうる。沖縄ツーリストでは自社の業務効率の向上を図りつつ、グローバル展開により得られる多様な知識を活用した創造性の向上に取り組んでいる。持続的イノベーションと同時に、破壊的イノベーションを実現しようとしている。

［注］

1　沖縄外国語学校は1947（昭和22）年1月に設立された沖縄文教学校から、同年9月に分離独立した。沖縄文教学校ならびに沖縄外国語学校は1950（昭和25）年の琉球大学の設立に際し、同大学に合併されることになる。

2　詳細については、「沖縄タイムス」２０１２年6月30日を参照されたい。同紙に慰霊団受入担当責任者であった中村源照のインタビューが掲載されている。
3　WATAは1国1社の加盟しか認めていなかったため、本土復帰と同時に離脱せざるをえなくなる。
4　日本本土では１９６４（昭和39）年まで、海外渡航が制限されていた。そのため、沖縄ツーリストは海外ツアーの企画、ガイドにおいて先行的な経験を有していた。後年、先行的に蓄積した経験やノウハウは、近畿日本ツーリストからの研修生受け入れなどにより、日本国内の旅行会社へも移転されていくことになる。
5　金城旅行社は中南米専門の旅行会社として知られた。なお、同社は２００８（平成20）年に東京に拠点を置くメープルファンエンタープライズに買収された。
6　詳細については、東（１９６７）を参照されたい。
7　戦前の沖縄観光に関する記述は、秋守常太郎（１９３０）『沖縄土産』、板原兵三郎（１９３７）『沖縄視察記』などがある。戦前の沖縄観光については那覇市市民文化部文化財課（歴史博物館）編（２０１３）『戦前の沖縄観光　～ディスカバー・オキナワ～』も参照されたい。
8　國場組のリゾートホテルの展開については、上間（２０１５）も合わせて参照されたい。
9　発案者は沖縄外国語学校の卒業生であり、後に名古屋大学医学部に進学して医師となった吉田朝啓であった。吉田は１９６２年にフィラリア研究のために琉球政府派遣医師としてボリビア移住地へ渡ったが、海外派遣生活のなかで南米やハワイの花木の美しさに魅了された。そこで、海外移住者が暮らす地域の花木を沖縄で育てることを提案した。
10　１９９３（平成5）年に設立され、後にWorldwide Uchinanchu Business Association Hawaii、略称：WUB Hawaiiへと改称された。
11　詳細については、南西地域産業活性化センター編（２０１１）を参照されたい。
12　詳細については、「日本経済新聞」１９９０年2月15日地方経済面を参照されたい。
13　詳細については、「日経流通新聞」１９９５年6月20日を参照されたい。なお、同ツアーは旅行内容が評価され、１９９５（平成7）年に「ツアー・オブ・ザ・イヤー'94」の最優秀グランプリに選ばれた。
14　詳細については、「日本経済新聞」２０１２年10月13日地方経済面を参照されたい。
15　詳細については、「日本経済新聞」２０１４年9月27日地方経済面を参照されたい。
16　沖縄ツーリストは２０１２年度に「ダイバーシティ経営企業１００選」（経済産業省主催）に選ばれている。

第7章

地域振興と企業の成長・発展

――菓子製造販売・御菓子御殿

1　環境変化と見通せぬ未来

本土復帰による業態転換

御菓子御殿の創業者である澤《たく》岻《し》カズ子（旧姓　松田）は１９４６（昭和21）年に読谷村《よみたんそん》にて誕生した。読谷村は沖縄戦時に連合国軍がはじめて沖縄本島に上陸した地であった。多くの住民の生命や財産が奪われ、終戦直後には村土の約95％が米軍占領地となった。澤岻が生まれた１９４６年８月から住民の帰村が認められ、復興がはじまった。澤岻が幼少の頃には多くの住民が貧しい生活を送っており、澤岻の家も同様であった。澤岻は米軍関係者・家族向けの英字新聞の配達・販売のアルバイトに就き、一家の生活費と自らの学費を稼いだ。地元の読谷高等学校を卒業後は、タクシー会社に就職した。後に米軍基地内の職に就き、そこで知り合った澤岻安信と結婚した。その後、澤岻は夫と共に読谷村に隣接する嘉手納町にて、照明器具の卸・販売店を経営した。照明器具は日本本土や香港からの輸入品であった（碧の会創立20周年記年書籍　編集委員会　２００９）。

家族経営の事業は順調であったものの、１９７２（昭和47）年の沖縄の本土復帰が決まると、澤岻夫婦は事業の先行きに不安を抱いた。沖縄経済界では、復帰にともなう本土資本の県内流入が懸念された。日本本土企業と比べて競争力が低い地元資本企業の倒産が危惧され、復帰対策として国内外資本との提携による業界再編が進められた（山内ほか２０１３）。

本土復帰にともなう軍雇用員の整理・縮小も行われ、雇用不安も高まった。米軍基地内で働いていた澤岻のかつての同僚たちも解雇された。政治・経済・社会が大きく変わろうとするなかで、多くの者が将来に期待と不安を抱いた。

こうした環境変化に直面し、澤岻夫婦は照明器具販売事業から手を引くことを決めた。経済不況による建築業の倒産が懸念されており、照明器具販売もその影響を受ける危険性があった。そこで、澤岻夫婦は米軍基地内のレストランで料理人やパン職人として勤めていた友人をスカウトし、レストラン経営に乗り出した。照明器具販売店の権利を売却し、新事業の開業資金とした。極東最大の米軍基地があった嘉手納町は、飲食店などのサービス業が建ち並ぶ場であった。そこにレストランを出店した。

澤岻夫婦はレストランの名前を「ポルシェ」とした。周知のとおり、ポルシェはドイツの高級自動車メーカーの社名である。夫婦はポルシェへの憧れを抱いており、その名を店名に選んだ。アメリカンスタイルのレストラン　ポルシェはすぐに評判の店となった。レストランでは料理とともにドーナツ、チョコレートケーキ、アップルパイといった洋菓子も提供された。これら洋菓子だけを購入する客も多く、ドーナツは1日に１０００個売れた。レストランは繁盛し、やがて読谷村、石川市（現在のうるま市）、沖縄市に支店を構えるまでになった（オフィス２０２０編　２００５）。

ところが、深夜まで営業していたレストランは、店舗数の増加とともに管理が難しくなり、次第に売上が落ちた。澤岻夫婦は事業が破綻する前に、レストラン経営から退くことを決めた。

洋菓子店の経営

レストラン経営から撤退し、店舗を売却したものの、内装や設備に多額の費用をかけていたことから、数千万円もの借金が残った。今後の生活を考えた時に、夫婦で小さな店を営み続けるリスクを感じた。そこで、夫の安信は宅地建物取引士の資格を取得し、不動産業に身を転じた。一方、澤岻は洋菓子店をはじめることにした。レストランで人気の高かったドーナツ、チョコレートケーキ、アップルパイの3つの洋菓子に特化すれば、事業として成り立つと考えたのである。レストランの店舗や設備はすでに売却していたものの、偶然にも菓子づくりに必要な器材は手元に残っていた。少しでも早く借金を返済することを目標に、洋菓子店をはじめた。

1979（昭和54）年、澤岻は母校の読谷高校近くに20坪の店舗を借り、仲間と4名で菓子店を開いた。店の名前をポルシェ洋菓子店とした。「やさしい心くばり」を経営理念として掲げた。澤岻自身は菓子づくりに関する専門的な教育・訓練を受けた経験がなかったため、店でつくりだされる菓子は決して洗練されたものではなかった。しかし、手間暇をかけて丁寧に作りだされた菓子は、素朴で家庭的な温かさや優しさが感じられるものであった。澤岻は出来立てのお菓子を、出来るだけ早く顧客に提供することを心掛けた（オフィス2020編 2005）。

レストラン経営時代からの評判もあり、菓子の評価は上々であった。しかし、人口2万6千人ほどで、公共交通機関の乏しい小さな村では、一日に販売できる数量に限りがあった。そこで、澤岻は客が店に来るのを持つのではなく、自ら売り歩くことにした。澤岻は近隣の個人商店や雑貨店をまわり、店頭に菓子を置かせてもらえないか交渉した。菓子類を委託販売にし、販売できた分だけの代金を、手数料を差し引いて集金することにした。店や雑貨店には仕入れリスクが生じないような仕組みをつくった。店の規模や商圏内の顧客層、地域内でのイベント情報などから必要な数量や商品を予測し、返品率が上がらないように納品した。地元の商店主らは協力的であった。地域社会の一員として、村唯一の菓子店を支援した。

澤岻はケーキ箱をピンク色にし、カトレアの花をデザインに入れ、上質さと優しさを印象づけるパッケージにした。また、ドーナツのフタを透明なものにし、出来立てであることを顧客に訴求した。菓子の売れ行きは好調で、委託販売は間もなく軌道に乗った。

読谷村内での販売網構築が順調に進むと、澤岻は嘉手納町、石川市（現在のうるま市）、金武町、名護市、本部町、今帰仁村など、沖縄本島中北部へ販売エリアを拡大した。これらの地域は沖縄本島南部に比べて人口が少なかったが、競合するような洋菓子店が少なく、また交通事情から出来立ての菓子を配送しやすかった。こうした市場の開拓に成功すると、商品の販売量が急速に増えた。澤岻は多忙な日々を送った。

ところが、澤岻はやがて体調を崩し、入院生活を余儀なくされた。ただ、日常業務から離れたことで、今後の事業構想を練り直すことができた。入院中に、澤岻は菓子の製造工場をつくり量産体制を整えるとともに、本島南部の市場に進出することを企画した。規模の拡大を次の成長戦略として考えた。仕事に復帰後、澤岻は商品を配送しながら新たな工場建設候補地を探した。そして創業から6年目の1985（昭和60）年、読谷村比謝《ひじゃ》に自社工場を建設した。

2　6次産業化の試み

村おこし事業への参加

澤岻が新たなビジネス構想を描きはじめた1984（昭和59）年、読谷村では、読谷村商工会を中心に、村おこしのための地域ビジョンを策定していた。これは過疎化対策を目的としたもので、読谷村商工会が全国商工会連合会を介して国から500万円の予算交付を受けた。観光資源開発や、特産品開発による地域の活性化を企画した。商工会では村民約500名へのアンケートや、行政、農協、漁協など各種団体へのヒヤリングによる調査を行い、摘花メロンの漬物、花織《はなうい》のエプロン、紅芋《べにいも》の加工食品など20数項目の事業を立案した。委員会ではこうした案をもとに生活改善グループで試作品をつくり、実現可能性の高い案に絞り込んだ。最終的に、紅芋を使った特産品の開発に取り組むことにした。[1]

甘藷の一種である紅芋は、1947（昭和22）年に宮古農事試験場（現在の沖縄県庁農業研究セン

ター　宮古島支所）の試験場長であった垣花実記が、ハワイ産の種と中国産の種をかけ合わせて育成した改良種で、「宮農36号」と名付けられた。紅芋は果肉部が紫色で、黄金色をした一般的なさつま芋とは色合いが異なるものであった。１９７２（昭和47）年に那覇市の焼きイモ業者が糸満市の農家から宮農36号の苗を譲り受け、それを読谷村座喜味地区の農家に栽培を依頼した。こうして読谷村内での紅芋栽培がはじまった。その後に主流となる自然交配種の備瀬も加わり、紅芋は読谷村の特産品となった（沖縄県読谷村役場　農業推進課　出版年不明）。

ただ、紅芋は病害虫であるイモゾウムシが混入する恐れがあることから、植物防疫法により県外への持ち出しが禁止されていた。そのため、市場が沖縄県内に限られていた。読谷村商工会では、紅芋の加工食品をつくることで付加価値を高めるとともに、県外販売の道を切り拓こうとした。紅芋の栽培（1次産業）、加工食品の製造（2次産業）、加工食品の小売・販売（3次産業）という3つの次元にわたる産業を興し、3倍の付加価値を生み出すことを目標にした（6次産業化）。

読谷村において、芋は重要な意味をもつ農作物であった。琉球王朝時代の１６０５（慶長10）年に進貢船の船長であった野国総官が中国・福建省から芋蔓を持ち帰ったのを機に、沖縄での甘藷栽培がはじまるが、干ばつに強く、痩せた土地でも栽培可能な甘藷は読谷村の土壌に適した作物であった。読谷村は甘藷の一大産地となり、先祖代々その栽培が続けられた。芋は主食であり、地域の食文化の中心にあった。ただ、戦後に主食が芋から米に代わると消費量が減少し、さらに害虫被害もあって生産量が減少した。甘藷の作付面積、収穫量とも年々減り続けており、村では食文化喪失の危機感があった（沖縄県読谷村役場 農業推進課 出版年不明）。

地域ビジョンにしたがい、1986（昭和61）年から村おこし事業が開始された。この時、読谷村商工会の事務局長であった西平朝吉が、澤岻へ紅芋を使った菓子の開発を依頼した。澤岻が新工場を立ち上げてからまだ1年しか経っておらず、また販路を拡大したばかりの時期であった。澤岻にとって、新規設立工場における生産安定化・生産効率向上が最重要課題であった。既存事業の効率化と新商品の開発というルーチンの異なるふたつの活動を、同時に行う余裕がなかった。また、紅芋を使った洋菓子はこれまでになく、これを主材料とする菓子開発の難航が予想された。開発に成功したとしても売れなければ、村に迷惑を掛けてしまうのではないかという不安もあった。心ならず、澤岻は開発依頼を断った。

しかし、村内の商工会会員として長年の付き合いのある西平から、村唯一の菓子店としてどうしても協力してほしいという再度の依頼があった。沖縄戦で壊滅的な被害を受けた読谷村は、村の再建を進めるなかで、村民の結束力が高まった地域であった。商工会会員のなかには、高齢化が進む郷土の活性化を図りたいという志を抱くものがあった。また、澤岻にとっても、借金を抱えた苦しい時に地元の人々に助けられたことから、その恩を返したいという気持ちがあった。こうして、澤岻は商品開発を引き受けることにした。

紅いもタルトの開発

紅芋菓子の開発を引き受けたものの、澤岻や商工会メンバーはどこで紅芋を調達できるのかわからなかった。紅芋の生産者は既に農連市場、ＪＡ、仲買業者などと出荷契約を結んでおり、急な注文に対応できない状況にあった。紅芋の生産量そのものも少なかった。澤岻らは農家を一軒一軒まわり、出荷できずに残った紅芋をかき集めた。売れ残った紅芋の品質は低く、小さなものや折れたものばかりであった。一軒の農家から集めることのできる紅芋の量も5～6キロ程度しかなかった。

紅芋のなかには、病害虫であるイモゾウムシに加害されたものもあった。加害された芋は、臭味や苦味のために食することができなかった。調理の際に加害された芋が混入すると、調理したものすべてを廃棄しなければならなかった。紅芋を調理する前に一つ一つ確認し、イモゾウムシを取り除かなければならなかった。手間のかかる作業が求められた。

澤岻はどうにか集めた紅芋の皮をむき、蒸した後にペースト状にした。紅芋は収穫時期などにより、水分量や色の濃淡が一つずつ異なっていた。添加物を使えば容易に品質を安定させることができたが、澤岻は可能な限り素材そのものの風味を活かしたいと考えた。添加物を使用せずに、安定させる方法を模索した。試行錯誤を重ねるなかで、何種類かの紅芋を組み合わせることで水分量や色を調整できること、さらにはペースト状にした紅芋を冷凍保存できることなどがわかった。製菓材料としての可能性がみえてきた（オフィス２０２０編 ２００５）。

紅芋菓子の開発に取り組むなかで、次第に商品のイメージが出来てきた。畑のなかで風に揺られる紅芋の葉の様子を表現した菓子であった。澤岻が紅芋を探して芋畑をまわるなかで、何度もみてきた光景であった。澤岻は舟型のタルト生地の上に、鮮やかな紫色をしたペースト状の紅芋を波打たせるように絞り、焼き菓子にした。こうして出来た菓子の名を「紅いもタルト」と名付けた。紅芋にバターと砂糖を加えただけで、自然な風味と甘みを引き出した。地域の人々が日常用の菓子として買い求めることができるように、価格を一つ100円（税抜き）とし、値ごろ感をだした。最終的に、紅いもタルトをはじめ、羊羹やシュークリームなど5つの紅芋菓子の開発に成功し、沖縄県産業まつりに出品した。

読谷村商工会や読谷村役場は、紅芋菓子の販売を支援した。読谷村商工会では1988（昭和63）年から販路開拓事業をはじめ、紅いもシンポジウム、講演会、村内・県内・県外での物産展などへの出店支援、村おこし物産展の開催などを試みた。婦人会で紅イモゴマダンゴや紅イモスナックを開発したほか、村おこし会社「ユンタンザ」でも紅イモチップス、紅イモアイスクリームなどを開発した。物産展への出品やマスメディアを利用した宣伝により、紅芋の知名度を高めようとした。こうした活動に対し、商工会会員のなかからは、紅芋に時間とお金を掛け過ぎではないか、紅芋の販路拡大はJAが行うべき事業ではないかとの反対意見が上がった。しかし、商工会事務局長であった西平は反対意見を押し切り、紅芋による村おこし事業を進めた。

読谷村役場も紅芋菓子づくりを支援し、沖縄県農業試験場や農家と連携しながら、紅芋の品質向上や栽培法の改善を試みた。紅芋は加工後に冷めると、紫色が色褪せてしまうという欠点があった。こうした欠点を改善するための品種改良、栽培方法の研究が行われた。紅芋菓子づくりは多くの人々を巻き込んだ村ぐるみの活動となった（関 ２０１２）。

こうして開発・販売が試みられた紅芋菓子ではあったが、県内での評価とは対照的に、全国的な評価が低かった。当時、赤紫色をした菓子は食欲をそそるものではなく、時には着色料により色づけされた不健康なものと誤解された。珍しさからマスコミに取り上げられても、すぐに忘れ去られた。

観光土産品としての可能性

紅いもタルトの販売不振が続くなか、ポルシェ洋菓子店ではドーナツ、チョコレートケーキ、アップルパイなどの売行きは変わらず好調であった。１９９１（平成３）年、澤岻は工場が手狭になったことから、読谷村大木に工場と店舗を併設した新社屋を建設した。年間売上高８億円、従業員数１００名を越える規模となった。

さらなる販路拡大のために、澤岻はスーパーマーケットでの商品委託販売を強化した。沖縄においては１９７５（昭和50）年に日本最大の小売業であったダイエーが大型ショッピングセンターである那覇ショッパーズプラザを開業したほか、宮古島・平良市にて誕生したサンエーが、１９７７（昭和52）年より沖縄本島での食品スーパーマーケットをチェーン展開するなど、小売業界におけるスーパーマーケットの存在が高まった。澤岻は菓子の新たな販路として、スーパーマーケットに注目した（山内ほか ２０１３、山内 ２０１６）。

澤岻はスーパーマーケットの会計レジ近くにオープン・冷蔵ショーケースを設置し、そこに個包装のシュークリームやチーズケーキなど、新商品の生菓子を並べた。当時、個包装での生菓子の販売はどこにもなかったが、米軍基地内の小売店で行われていたドーナツなどの裸売りからヒントを得て、衛生的な個包装を思いついた。スーパーマーケットでの生菓子販売は成功し、シュークリームは1日に7000個も売れるヒット商品となった。

ところが、このような状況は長くは続かなかった。バブル経済崩壊後の経済不況のなかでスーパーマーケットが過当競争に陥った。商品の返品率が高まり、営業経費も上昇したことで、利益率が下がりはじめた。利益率を引き上げるため、澤岻は全国各地で菓子製造の指導経験を持つ佐々木弘を生産統括担当として招き、工場の生産性向上を図った。当時、工場の生産性は日本本土企業の平均の半分以下であった。佐々木の指導の下で、生産効率を引き上げた[2]。

一方で、澤岻は既存商品に変わる新たな商品を投入する必要性も感じていた。こうしたなか、新たな事業機会が舞い込んできた。航空会社の客室乗務員からの推薦で、紅いもタルトが機内食や機内販売商品に採用されたのである。本土復帰後、沖縄への観光客は航空会社各社によるキャンペーンや沖縄県による誘致活動、海洋リゾート観光の開発により、次第に増加した。沖縄の伝統文化や自然環境といった観光資源への評価も高まっていた。

ただ、観光客からは観光土産品に対する不満の声があった。当時、沖縄の観光土産品は琉球菓子のちんすこうや、揚げ菓子のサーターアンダギー、酒類の泡盛、黒糖など、数えるほどしかなかった。

土産品の８割は県外産であるともいわれた。沖縄観光のリピーターが増えるにつれ、沖縄らしさという意味的価値を持った商品に対するニーズが高まった。

こうした観光客のニーズを満たす潜在的な可能性を、紅いもタルトは秘めていた。こうして１９９５（平成７）年から１９９９（平成11）年までの約４年半の間、全日本空輸、日本航空の那覇空港発の便で、紅いもタルトが提供された。１９８６（昭和61）年の紅いもタルトの誕生から、およそ10年の月日が流れていた。

3　観光事業の本格化

観光見学工場の建設

機内食として紅いもタルトを供給するためには、衛生管理や納品期日などの厳しい基準をクリアしなければならなかった。多くの苦労はあったが、澤岻は粘り強く商品を供給した。各航空会社で紅いもタルトが提供されたことで、次第に商品の認知度が高まった。健康食品ブームのなかで、紅芋に含まれるポリフェノール、ミネラル、カリウム、ビタミン、食物繊維も注目されるようになった。紅いもタルトの販売数は１９９０（平成２）年に22万個であったものが、１９９５（平成７）年に１４６万個、１９９９（平成11）年に２２４万個となった。読谷村の店舗に、個人や団体の観光客が商品を

紅いもタルトの機械生産のようす

求め訪れるようになった。澤岻は紅芋生産者との栽培契約を増やし、原材料供給の安定化を図った。
　紅いもタルトの販売量増加とともに、新たな生産の課題にも取り組んだ。紅いもタルトは袋に入ったペースト状の紅芋を、職人が一つずつタルト生地の上に波打たせて載せていた。このような生産方法では、生産量の増加とともに職人に負担がかかった。腱鞘炎になる危険性があることから、1時間置きに休憩をとらなければならなかった。生産量に限界があった。そこで埼玉に拠点を置く菓子製造機械メーカーに相談し、機械の共同開発を進めた。ペースト状の紅芋を波立たせて絞る機械装置はこれまでになかった。試行錯誤を重ねて開発を進めた。
　紅いもタルトの機械装置開発に成功し、生産がはじまると、軽快に動く姿に澤岻は感動した。菓子生産の様子を買い物客にもみてもらえれば、喜んでもらえるのではないかと考えた。観光見学工場という

恩納店の観光見学工場

アイデアであった。当時、観光見学工場は全国にも４、５社程度しかない珍しいものであった。澤岻は観光見学工場の建設準備に取り掛かった。この時、澤岻が工場建設地として選んだ場が、恩納村瀬良垣の海に臨む場所であった。読谷村に隣接する恩納村は海岸沿いに大型ホテルが建ち並ぶ、国内屈指のリゾート地であった。澤岻は事業計画を練り、建物の設計図を作成した。従業員の新規採用などを決め、沖縄県振興開発金融公庫の融資担当者と交渉した。計画は着々と進み、融資の最終決裁を待つだけとなった。

ところが、沖縄県振興開発金融公庫から融資を断わられた。地域の菓子店として成功を収めるなかで、新たなリスクをとってまで観光土産品市場に参入する必要はないのではないかとのことであった。当時、金融機関はバブル経済崩壊の影響で巨額の不良債権を抱えており、新たな融資に慎重になっていた。紅いもタルトのブームが、一過性のものとなることを危惧した。

新規事業計画案が固まるなかで、澤岻は経営者人生のなかで最も厳しい決断を迫られた。スーパーマーケットでの生菓子販売の伸び悩みと、将来的な観光土産品市場の拡大を考えると、計画を白紙に戻すことはできなかった。そこで澤岻は観光土産品としての販売実績をつくり、融資審査のなかで問題視されている課題を克服することにした。澤岻は沖縄最大の繁華街である那覇市の国際通りに何度も車を走らせ、空き店舗を探した。多くの観光客が訪れる場に、直営の販売店を開くことを考えたのである。何度か国際通りへ通うなかで、ようやく店じまいセールを行っていた店を見つけた。そして不動産管理会社と交渉し、1997（平成9）年に那覇店を開いた。

澤岻の予想通り、国際通りの店には多くの観光客が列をなし、紅いもタルトを買い求めた。ここでの販売実績をもとに、澤岻は沖縄県振興開発金融公庫の融資担当者と再度交渉し、ついに無利子のふるさと融資制度を受けることができた。また、沖縄県の融資制度の利用も認められ、これらを組み合わせて観光見学工場を建設した。

2001（平成13）年、念願の観光見学工場が完成した。澤岻が事業構想を打ち出してから5年の歳月が流れていた。総工費は13億円であった。当時のお菓子のポルシェ（1999年にポルシェ洋菓子店からお菓子のポルシェへ組織変更）の年商は約9億円であり、社運をかけた一大事業であった。新たな店舗の名前を「御菓子御殿」とした。建物は琉球時代の代表的な建造物である首里城正殿と守礼の門をモチーフにし、沖縄らしさを演出した。敷地面積およそ1万4000平方メートル、工場兼店舗約1500平方メートル、大型バス8台や乗用車70台が駐車可能な駐車場を設置した。御菓子御殿恩納村店では、ガラス越しに紅いもタルトの製造過程を見学できるようにした。また、販売コー

図表７−１　紅いもタルトの販売額・販売数の推移

年度	販売額	販売個数
1990 年度	1,500 万円	22 万個
1991 年度	4,300 万円	60 万個
1992 年度	5,700 万円	81 万個
1993 年度	6,900 万円	98 万個
1994 年度	7,900 万円	108 万個
1995 年度	1 億 500 万円	146 万個
1996 年度	1 億 3,600 万円	180 万個
1997 年度	1 億 4,900 万円	196 万個
1998 年度	1 億 6,900 万円	217 万個
1999 年度	1 億 7,600 万円	224 万個
2000 年度	1 億 7,000 万円	216 万個
2001 年度	2 億 1,100 万円	248 万個
2002 年度	3 億 9,000 万円	439 万個
2003 年度	4 億 5,100 万円	509 万個
2004 年度	6 億 6,100 万円	748 万個
2005 年度	8 億 5,200 万円	1,033 万個
2006 年度	11 億 5,300 万円	1,562 万個

（出所）御菓子御殿提供資料に基づく。

ナーを設け、自社製品のみならず県内の他のメーカーがつくった観光土産品の販売も行った。レストランも併設し、個人や団体客の食事の場を提供した。旅行会社などへ営業活動を行い、観光客の集客を試みた。

御菓子御殿恩納村店の開業から３カ月後の２００１年９月11日に米国同時多発テロ事件が起こり、米軍基地を抱える沖縄への観光客が激減した。県内の観光土産製造企業の多くが売上減に苦しむなか、御菓子御殿恩納村店には県内から多くの客が訪れた。オープンの次年度には経営黒字化に成功し、紅いもタルトの販売数もさらに伸びた。２００２（平成14）年に紅いもタルトが第24回全国菓子大博覧会にて中小企業庁長官賞を、２００８（平成20）年に同25回大会にて名誉総裁賞を受賞するなど、全国的な評価も高まった。紅芋を使ったムース、ショコラ、カステラなど、多種多様な菓子も開発した。

競合企業の出現

紅いもタルトの評価が高まると、やがて類似品を生産する企業が現れた。紅いもタルトは菓子づくりに関する知識や技能があれば容易に模倣できるものであった。また、観光見学工場での製造工程の公開により、製造機械に関する技術情報なども流出した。紅いもタルトの類似品を生産する企業の多くは大きな販売量には至らなかったものの、なかには売上実績を伸ばすものも現れた[3]。

競合企業が販売する「べにいもたると」は原材料や形状などが紅いもタルトと酷似していた。澤岻のもとに「紅いもタルト」と「べにいもたると」を混同した購入者からの問い合わせが相次いだ。澤岻は紅いもタルトの名称に「元祖」という言葉を付したり、類似品と間違えないように注意喚起したりするなどの対策をとった。沖縄県内の多くの観光土産品製造企業と同様に、澤岻には商標権に関する知識がなく、商標登録申請を行っていなかった。形状は似ても品質の異なる類似品が、次々と販売された。

類似品対策の効果がみられないことから、２００７（平成19）年に模倣品製造企業に対して、類似品の販売差し止めと、製造用金型の廃棄に関する訴訟を起こした。紅いもタルトは村おこしという役割を担い、地域の人々と共に苦労を重ねブランド・イメージを確立した商品であった。それが類似品の頻出、場合によっては低品質な商品が市場に出回ることで、積み上げてきたブランド・イメージが毀損されることを恐れた。

ところが、那覇地方裁判所での審理の結果、澤岻の訴えは棄却された。タルト生地の上部に芋や果実を盛って焼いた形状の菓子が多く存在しており、ありふれた形態であることや、「紅いもタルト」という名称が開発から20年も経ち、普通名称化していることなどが棄却理由となった。類似品の生産が法的に認められた。

ただ、この訴訟によって「紅いもタルト」が地域振興のなかで開発されたものであることを、各種の報道機関を通じて広く伝えることができた。読谷村や自社への関心が高まる効果があった。

事業の新展開と地域の発展

紅いもタルトの類似品が市場に流入するなか、澤岻は２００１（平成13）年の御菓子御殿恩納店に続き、２００４（平成14）年に国際通り松尾店、２００５（平成17）年に読谷本店、那覇空港店、２００６（平成18）年にむつみ橋店、２０１２（平成24）年に名護店、２０１３（平成25）年に石垣空港店を開き、直営での販売機能を強化した。国際通り松尾店、読谷本店、名護店は観光見学工場であった。直営店を増やすことで、直売による販売比率を7割にまで高めた。残り3割は主に県内スーパーマーケット、県内観光土産店、沖縄県物産公社企業連合を通じて市場に供給した。

直営店の強化は、競合他社との差別化につながった。流通段階における中間業者にかかるコストの

図表7－2　御菓子御殿の売上高の推移

（単位：億円）

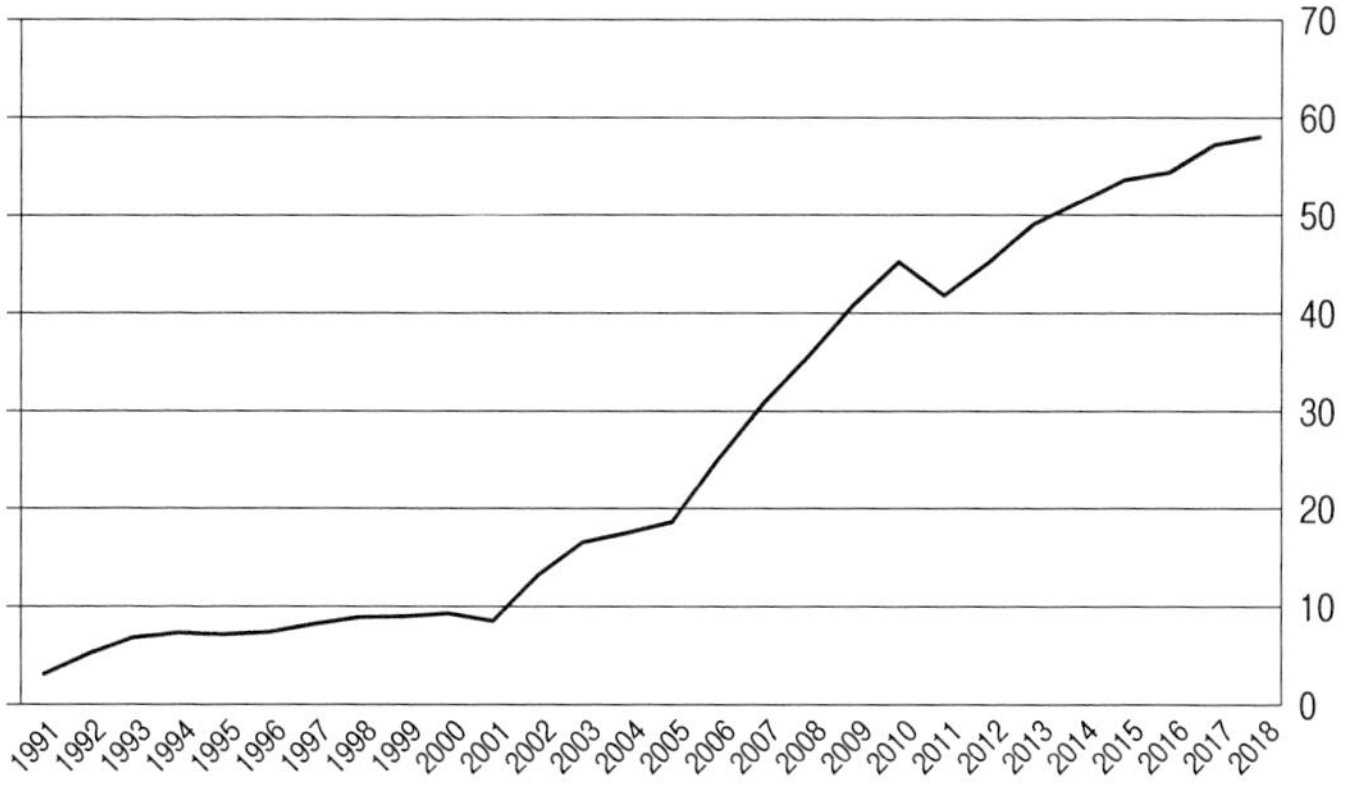

（出所）御菓子御殿提供資料に基づく。

削減、無添加・無着色で出来立ての菓子を提供することによるブランド・イメージの向上、対面販売を通じた顧客ニーズの把握などであった。また、商品開発を進めた結果、店舗では約３００種類の菓子を販売するようになるが、多くは季節商品であった。これは地域の祭事・行事に合わせた商品であり、創業当時からの地域密着の方針を貫いている。顧客の２割が地元客であり、経営安定の基盤となっている。観光土産品市場を主とする競合企業とは異なる顧客層をもつことになる。

同社事業による地域貢献という面でみれば、一つには雇用の創出がある。従業員数は正社員・アルバイト従業員を含め約４６０名を雇用している（２０２０年現在）。失業率の高さが常に全国平均を上回り、深刻な社会問題となっている沖縄において、読谷村や恩納村などの地方で、雇用の場が生まれたことには大きな意義がある。

また、農業分野においても同社の貢献には大きなものがあった。現在、御菓子御殿（２０１５年にお菓子のポルシェから社名変更）では１４０戸の農家と栽培契約を結び、１キログラム当たり１６０円での全量買い取りによる原材料調達を行っている。年間約１２００万トンの紅芋を自社での菓子製品づくりや、製菓材料としての紅芋ペーストの販売に利用している。栽培にかかる手間が異なることから単純比較はできないが、さとうきび栽培での農家の収入は10ａ当たり約14万円であるのに対し、紅芋栽培での農家収入は10ａ当たり約30万円となる（野村アグリプランニング＆アドバイザリー株式会社 ２０１７）。

観光産業への貢献もある。一つには観光土産品市場の活性化である。紅芋商品の供給により、土産品のバリエーションが拡充した。観光客からの沖縄観光の不満要因が改善された。また、観光見学工場による雨天時の観光スポットや、沖縄らしさを体験できる場の提供により、沖縄観光の質を引き上げることに成功した。

このほか、村おこし事業を通じた経営展開により、芋という食文化への関心が高まったこと、同社の成功事例に刺激を受けた若い起業家が増加したこと、活動支援のなかで高まった地域連携など、さまざまな影響を与える存在となった。同社の事業は経済的価値のみならず、社会的価値、文化的価値を創出するものになっている。

[注]

1　村おこし事業の経緯に関する記述は、読谷村商工会事務局長・比嘉幸夫氏へのインタビューに基づく。また、商品開発の引き受けに関する記述は、澤岻氏へのインタビューに基づく。

2　詳細については、「日本経済新聞」1998年12月4日地方経済面を参照されたい。

3　紅いもタルトの類似品には、ナンポー通商の「べにいもたると」以外に、有限会社モンテドールの「紅いもタルト」、南風堂株式会社の「紅芋タルト」、有限会社しろま製菓産業の「紅芋タルト」、有限会社沖縄ユタカ農産の「紅イモタルト」、有限会社沖縄エイサー物産の「紅芋タルト」、有限会社沖縄ユタカ農産の「紅イモタルト」、ぜいたく屋の「紅芋タルト」があった。

第8章

両利きの実現可能性にかかわる命題の検討

――オライリー＆タッシュマンのダイナミック能力論

1　両利きの実現可能性についての命題

両利きの経営の実現

新たな知の探索事業を成長させるために、知の活用を志向する既存事業のもつ強みやリソースを活かすと同時に、知の活用事業を成長させるために、探索事業で学んだやり方も活かす。これこそが「両利き」と呼ばれる経営である。オライリー&タッシュマンはダイナミック能力を知の探索のみに限定せず、知の活用も同時に行える能力として捉えている。両利き経営の遂行能力がオライリー&タッシュマンのいうダイナミック能力であり、そうしたケイパビリティこそが企業の競争優位の持続可能性を高めるとみるのである。

しかし、両利きの実現は簡単なことではない。ならば、両利きの実現可能性を高める要因とはいったい何なのだろうか。オライリー&タッシュマンはそれを5つの命題に整理している。

オライリー&タッシュマン（2008）は、ダイナミック能力の担い手として企業の経営者・経営陣の役割を重視している。リーダーがどのようなアクションをとるかによって、知の活用（持続的イノベーション）と知の探索（破壊的イノベーション）を同時に行えるかが決まるという。以下、本書で取り扱った各事例と合わせて、彼らの提示した5つの命題を検討していこう。

命題1

知の活用と探索がいずれも重要であることを正当化できるような説得力のある戦略意図が存在すれば、両利きの実現可能性は高まる。

両利きの経営が難しいのは、特に知の探索が効率性に反するからである。知の探索を行おうと思えば、短期的な利益を犠牲にするどころか、むしろ長期的な支出を伴う実験に関与せざるをえない。ところが残念なことに、知の探索には不確実性がつきものであり、そのため、知の探索を志向する部門はどうしても知の活用部門の協力を得にくい。それゆえ、探索と活用の両方を正当化するような経営者の「戦略意図」(strategic intent) が明示されなければ、両利きの実現は望むべくもない。戦略意図は未来に向けての道筋を示すビジョンのエッセンスを抽出したもので、その本質的機能は企業メンバーの気持ちを意図の実現に向け、駆り立てることにある(與那原 1995)。

知の探索と活用を共に重視することについて組織メンバーが納得できるような戦略意図なくしては、目先のプレッシャーにより、変化が大きく、不確かな知の探索という世界から目をそらせ、知の活用にフォーカスし、そこにリソースを集中させることになってしまう。

たとえば、拓南製鐵の古波津清昇は、鉄屑回収事業で大きな成功を収めるなかで、鉄屑を取りつくした後の事業の未来、そして何よりも同郷の人々をはじめ多くの生命を奪った鉄が、何事もなかったかのように沖縄から消え去っていく姿に虚しさを感じた。そこで、彼は鉄屑を建築用鉄筋に加工することで、鉄筋コンクリート住宅を普及させることを試みた。残虐な結果を残した鉄を、今度は台風から住民の生命と財産を守るものへ変えようとしたのである。それが沖縄の長期的繁栄に不可欠であると考えた。

彼の新たな事業への戦略意図は明確である。鉄の平和的再利用というビジョンは、地上戦という悲劇を経験した人々の共感を得られた。特に、米国民政府からの支援が得られたことは、製鋼事業の素人であり、また製鋼技術が存在しなかった沖縄で新たな事業を興すために重要な要素であった。家族や社員、周囲の人々の反対を押し切ってはじめた知の探索事業は、「拓鐵興琉」という理念のもとで次第に正当化され、社内や地域社会から支持された。そこには「命どぅ宝」という考えが、強く存在した。この戦略意図の明示が製鋼という、沖縄では成立しないと考えられていた事業の実現に、重要なものであった。

命題2

共通のアイデンティティーのベースとなる包括的なビジョンと価値観が明示されれば、両利きの実現可能性は高まる。

トップが両利きの実現に向けた包括的なビジョンを提示すると、知の探索と活用部門に共通のアイデンティティーが生まれ、両部門の関係が対立から協力へと変わるというのが、オライリー&タッシュマンの提示した命題2といえる。包括的なビジョンや価値観によって、知の探索部門と活用部門の社員は自分たちが異なる事業戦略を追求しているとしても、分裂感をもつことなく、共通のアイデンティティーを結ぶことに同意する（與那原 2015）。

たとえば沖縄ホーメルは、与世山茂が沖縄経済の弱点である農家の貧困を解消するというビジョンから、事業を開始した。また、資本・技術提携先の米国ホーメルから、経営理念「品質こそ生命」という価値観が移転された。この2つの考えが「チャンプルー」（融合）され、現在の事業が形成されている。

沖縄ホーメルでは、安全性を重視した冷蔵品や缶詰といったグローバル・ブランドの商品を生産する一方で、地元の畜産品を利用した沖縄料理のレトルト食品の生産も同時に行っている。グローバル商品とローカル商品という、ターゲットや製法が異なる商品を市場に供給している。米国本社と沖縄子会社は一見すると異なるビジョンや価値観を持って事業をはじめたが、本質的には生命尊重が基本的な考えにある。それぞれのビジョンや価値観は矛盾することなく融合され、異なる事業戦略の追求を可能にしている。

命題3

経営陣が事業部門の戦略に合意するとともに、その戦略についてしっかりコミュニケーションをとること、そして共通のインセンティブ・システムを採用することについてもはっきり合意しておれば、両利きの実現可能性は高まる。

命題3でオライリー&タッシュマンが強調しているのは、企業の経営陣が例外なく知の活用・探索いずれも重要であると認識していることが両利きの実現には欠かせないということである。仮に経営陣の中に知の活用を重視するもの、あるいは知の探索の方がより重要だと考えるものがいたとすれば、混乱は避けられず、両利きの実現は叶わないだろう。経営陣から組織メンバーに向けて出されるシグナルが異なれば、知の探索と活用のバランスを取るというデリケートな行動が困難を極めるというのは想像に難くないからである。その意味で、経営陣の間での意志の統一も、両利きを成功させる重要な要因の一つといえる。

この命題3については、いくつかの注意すべき点がある。第1に、両利きを正当化するとともに、知の探索努力の擁護者として動くことが、両利きのリーダーシップには必要になるということである。知の探索部門はどうしても資金や人材などのリソースが足りず、活用部門からの協力を仰がなくてはならない。しかし、活用部門からすれば、いま成果をあげているのは、我々であり、今後も成果を上げ続けるにはリソースを削ることはできないと考えるはずである。よって、彼らは簡単にはリソース面での協力に応じようとはしないだろう。それを放置しておくと、知の探索部門は破綻してしまうかもしれない。ゆえに、両利きの実現にあたって、経営陣は活用部門に納得してもらう形で、知の探索を支援する必要があるというわけである。

第2に、インセンティブ・システムの問題がある。これについて、経営陣は共通のシステムを採用し、目指すものが異なる知の探索部門と活用部門では、それぞれに見合ったシステムにすべきだというのがオライリー&タッシュマンの意見である。まず経営陣については、両利きの実現という意志統一を図るうえでも、インセンティブ・システムを共通のものにしなくてはならない。両利きの成功という全社的基準での共通した評価の仕組みの設定は、当然のことといえる。これに対して、事業部門レベルで評価基準を統一することは適当ではない。具体的にいうと、知の探索部門では成長性を、そして活用部門では収益性をそれぞれ評価基準とすべきであろう。

第3に、両利きを容認しない経営陣の抵抗に屈せず、断固たる対応をとる必要がある。オライリー&タッシュマンによれば、両利きに対して異議が続く場合、経営者は反対する者についてドラスティックに対応するという覚悟で臨まなくてはならない。

たとえばサンエーでは、職位に関係なく誰でも自由に参加可能な早朝ミーティングが開かれ、オープンな形で議論がなされた。参加者が積極的に議論に参加することで、経営的な意思決定のプロセスが共有された。コミュニケーションがとれていたために、知の探索部門へのリソースの支援が円滑に行われた。一つの例として、コンビニエンス・ストア部門では、地域のニーズに合わせたプライベートブランド商品の開発を進めたが、その開発にはスーパーマーケット事業で蓄積された経営資源が活用された。そして、コンビニエンス・ストアで開発された商品はスーパーマーケットでも販売された。市場規模が限られた沖縄では、コンビニエンス・ストアのローソン沖縄だけでは販売量に限りがあるために、スーパーマーケット部門でも販売する必要があった。

一方、スーパーマーケット部門でもブランド力のある地域性に合わせたプライベートブランド商品を置くことで、他社との差別化につながった。両部門はリソースを共有することで、小売りという事業で競合するのではなく、相互に競争力を高めることができるというメリットを追求した。

サンエーでは自主独立の精神を教育の基本に置くことで、社員が自ら考えて判断し、行動することを奨励している。行動に対する権限が委譲されている。さらに、ゆいまーる精神（相互扶助）もあって、知の探索部門への協力が行われやすい。情報共有がしっかり行われていれば、迅速に経営資源の移転が行われやすくなる。

また、インセンティブ・システムにおいても、成果主義を導入し、年齢や性別に関係なく人材を抜擢した。知の探索に抜擢された人材の果たすべき役割は明確である。たとえ失敗したとしても、寛容に受け止められた。こうした社風が全体的なビジョンの共有と、個々の目標の明確化に大きな影響を与えた。

命題4

知の活用部門と探索部門の組織アーキテクチャ（ビジネスモデル、コンピタンス、インセンティブ、評価基準、カルチャー）を一貫させるとともに、両部門の統合を行うことができれば、両利きの実現可能性は高まる。

命題４を一言でいうなら、分化と統合の必要性を説いたものである。破壊的イノベーションを目指す知の探索部門と、持続的イノベーションを追求する知の活用部門にはそれぞれの目標達成にふさわしいビジネスモデル、コンピタンス、インセンティブ、評価基準、カルチャー（オライリー＆タッシュマンはそれらを総称して組織アーキテクチャと呼んでいる）を許容しながら（分化）、両部門が互いに知見やリソースを利用し合えるよう企業の上層部で調整する（統合）ことが不可欠だというのが、オライリー＆タッシュマンのいう両利きが実現する条件の一つである。彼らの主張が分化・統合論と捉えられるのはこうした理由による（與那原　２０１５）。

分化の必要性についてはは多言を要しないだろう。知の活用部門が目指しているのは、改善を通じた持続的イノベーションの実現であるから、そのためにはフォーマルな機械的組織構造、効率と既存顧客ニーズへの対応を重視したカルチャー、収益性を基準とした評価システムなどが構築される必要がある。新市場の創出をねらって破壊的イノベーションに取り組む知の探索部門には、知の活用戦略とは真逆で、有機的組織構造、リスクを恐れない実験重視のカルチャー、成長性による事業評価が欠かせない。それぞれの部門の目指すものの違いを踏まえて分化しなければ、両利きに向けての取り組みは決して前には進まないだろう。

命題３でも触れたが、知の探索を成功させるには、それに必要なリソースを獲得しなければならない。そのために求められるのが、経営陣による統合である。

たとえば御菓子御殿では、地域住民を対象とした洋菓子の製造・販売と、観光客など県外顧客を対

図表 8－1　知の活用部門と知の探索部門の分化

	知の活用部門	知の探索部門
組織構造	持続的イノベーション志向型の機械的組織	破壊的イノベーション志向型の有機的組織
	職務権限が明確	職務権限は柔軟
	規則による統制	規則が少なく組織メンバーの自主性を重視
	組織の上層部に権限・情報が集中	権限・情報は組織内に分散
	トップダウン型の集権的組織	組織メンバー参加型の分権的組織
組織カルチャー	効率重視既存顧客ニーズの重視	リスクを恐れない実験重視
評価システム	収益性基準	成長性基準

（出所）O'Reilly and Tushman (2008) をもとに筆者作成。

象とした沖縄らしい菓子の開発・製造・販売が行われた。それぞれの事業は対象市場や経営的課題、ルーチンなどが異なるものであった。しかし、経営トップである澤紙が中心となって、季節や用途に合わせた地元客向けの商品を生産し続けるとともに、観光客向け商品の生産も行った。

ルーチンの異なる事業であっても両立できた理由は、顧客満足の追求が経営の基本にあったためである。お客さんに喜んでもらいたいという、シンプルだが重要な考えが、さまざまな課題を克服するアイデアの創出へと向かわせた。経営トップの思考が両利きの状態にあったといえる。こうした姿勢が両部門の組織アーキテクチャを一貫させるとともに、両利きの実現可能性を高めた。

命題5

知の探索部門と活用部門の調整という矛盾に耐

え、調整の際に生まれる緊張関係を解消することのできる経営者のリーダーシップが、両利きの実現可能性を高める。

繰り返しになってしまうが、両利き組織の場合、知の探索部門と活用部門の間でのコンフリクトは避けられない。活用部門の重視する効率性と改善が、探索部門の志向する実験や創造性とは調和しないからである。こうした両部門の緊張状態をどのように解消するかが、知の探索と活用を同時に行う両利きとしてのダイナミック能力の決定的な要素の一つなのだとオライリー&タシュマン（2008）はいう。経営者は知の探索部門を戦略的部門と位置づけ、緊張状態の解消を図らなければならない。さもなければ、知の探索部門が活用部門にリソースを求めても、われわれは今の実績をこれからも継続しなくてはならないから、リソースを削ることはできないとして、それに応じることはないだろう。その結果、探索部門と活用部門の間でリソースの奪い合いという緊張状態が生まれることになる。緊張状態を解消するのに有用な方法として、オライリー&タッシュマンはバーゲルマン（2002）のいう〝戦略的ディベート〟(strategic debate) に注目する。そのためには、経営者の役割がカギとなる。要は、彼らが活用部門による反対意見を促したり、探索部門による探索の必要性を主張したりする機会を提供できるかどうかである。

たとえば、沖縄ツーリストは日本人を対象としたビジネスのほかに、外国人の受け入れというインバウンド・ビジネスを行った。さらには、外国人を外国へ案内するという第三国観光を展開しようとしている。旅行業界で異質な経営である。こうした経営を展開するために、経営陣は在外県系人との交流を積極的に行って組織メンバーの国際的な視野を広げ、戦略的ディベートを促した。競合企業が展開できない新たな事業領域を切り拓いた。

ローカル企業でありながら、顧客対象やビジネスモデルなどが異なるグローバルな事業を展開しようとする背景には、同社の経営理念「地域に根ざし、世界にはばたく」がある。これは、琉球国時代の価値観が反映されたものである。小国であった琉球は、東アジアにおける交易を担った歴史を有している。小国が大国を相手に活動した歴史であり、それを祖先が実践したのである。海を渡った人々の果敢さや、グローバルなマインドといった寛容さならびに広大さを思い起こすことが、コンフリクトを些細なものとした。沖縄が内包するグローバル性を事業に取り入れるものとなった。こうした経営陣のリーダーシップが、両利きのマネジメントの実現可能性を高めたといえる。

2　5つの命題が示唆するもの

ダイナミック能力としての両利きの実現

オライリー＆タッシュマンが導き出した以上5つの命題は、両利きを成功させるために必要な諸条件を簡潔に述べたものといえる。これらの命題は、ダイナミック能力としての両利きの基本要素であると言い換えてよいかもしれない。明確な戦略意図、包括的なビジョンと価値観、経営陣の意思の統一、知の探索部門と活用部門の分化と統合、そして両利きでは避けられない探索と活用のトレードオフとコンフリクトをマネジメントする経営者および経営陣の能力なくしては、両利きは実現しえない。これら5つの命題はタッシュマンたち（2011）が論じている両利きのリーダーシップ論の3原則（①包括的なアイデンティティーを開発せよ、②企業の上層部で緊張関係を調整せよ、③矛盾を受け入れよ）とオーバーラップする部分もあるが、ダイナミック能力としての両利きの実現の必要条件といえる。そこで一貫して重視されているのは、経営者の果たす役割である。その意味で、オライリー&タッシュマンの両利きとしてのダイナミック能力論のコアになっているのは、両利きのリーダーシップということができる。

クリステンセン（2000）は、「顧客の声に耳を傾け、かれらの要求に応えるようにイノベーションを実行し続ける持続的イノベーターはそれが災いして、やがて破壊的イノベーターに敗れ、競争優位を持続することができない」とするイノベーターのジレンマ論を展開した。持続的イノベーターが破壊的イノベーションに対応できないのは、彼らが持続的イノベーションの実現のために構築した組織ルーチン（クリステンセンの用語でいえばプロセスと価値基準）が、破壊的イノベーションに求められるルーチンとまったく異なるものだからである。そのためイノベーターのジレンマから脱出するには、破壊的イノベーションを追求する知の探索部門が既存の組織ルーチンの影響を受けないように、そうした部門をスピンオフしなくてはならない。そうすることで破壊的イノベーションの追求に適合した組織ルーチンを構築できれば、それがダイナミック能力となり、競争優位が持続すると捉えている。すなわち、同一組織の中ではイノベーターのジレンマを解決するのは難しいから、知の探索部門をスピンオフするしかないというのがクリステンセン（2000）の結論といえる。そうではないと主張するのがオライリー&タッシュマンのダイナミック能力論である。彼らが問題にするのは、知の探索部門をスピンオフしてしまったら、シナジー効果が得られず、既存組織のもつ有形・無形のリソースを生かすことができない点にある。またイノベーターのジレンマの解決方法としてスピンオフを提案したクリステンセン自身もレイナーとの共著書（2003）の中で、スピンアウトが不適切な対応方法であることを認め、ジレンマを解決するための新しい方法が必要であると主張している。

それはいかなるものだろうか。オライリー&タッシュマンはいう。ダイナミック能力としての両利きこそがイノベーターのジレンマの一つの解決方法であると。実際、知の探索と活用を同時に推進している企業があり、そういうところが競争優位を持続させているというのが彼らの基本的立場である。持続的競争優位を実現しているところは、本章のはじめでも述べたように、知の探索事業を成長させるために、知の活用を通じて蓄積してきた強みやリソースを生かすとともに、探索事業で学習したノウハウなどのリソースを利用することによって、活用事業もさらに発展させている。これこそがダイナミック能力としての両利きにほかならない。

佐藤×オライリー（2017）によれば、オライリー&タッシュマンの新著（2016）を読んだクリステンセンも「両利きを実現できれば、イノベーターのジレンマは解決できる」という彼らの考え方に共鳴し、同書に推薦文を寄せたという。それからしても、本章で検討したダイナミック能力としての両利きの実現可能性についての命題は重要な意味をもっといってよい。

オライリー&タッシュマン命題では、両利きの実現における経営者の役割（両利きのリーダーシップ）が一貫して重視されていた。実はダイナミック能力というコンセプトを初めて使用し、それを「急速に変化を続ける事業環境に対応し、あるいはそれを創造するために、社内外の資源／コンピタンスを統合、構築、再配置していく企業の能力」と捉えたティース（１９９７）も新たな論文（２０１２）の中で、経営幹部を中心に据えたダイナミック能力の研究をチャレンジングなテーマと位置づけている。

ダイナミック能力、両利きが企業の持続的競争優位の源泉を解明するキーワードになるのは間違いあるまい。今後もそうした方向で研究を進めていく必要があるだろう。

あとがき

大都市に比べ、地方は市場規模や資源へのアクセスの問題など、さまざまな面で経営的不利が存在するといわれている。しかし、我々がみてきたローカルの場は、決してネガティブな場ではなかった。豊かな伝統や文化、歴史が存在し、諸問題を克服できる可能性に満ちていた。

たとえば、沖縄にはチャンプルー文化（文化融合）という考えがあった。琉球国時代から、沖縄の人々は日本、中国、朝鮮、東南アジア諸国との交易のなかで多様な文化を取り入れ、自身の状況に合わせてアレンジし、独自の文化へと昇華していた。異文化融合から生まれた新たな知は強い力となった。県民のなかには祖先が行ってきたこうした行動を、誇りに思う精神があった。このような価値観は自らの外部に存在する知識を尊重し、その吸収を肯定する経営風土を生み出しやすい。知の探索において、こうした価値観を組織の構成員が共有することは有効である。知の活用と探索における異なった価値基準の問題を克服しやすいからである。

また、県民性としてみられるテーゲー主義（大概主義）的な価値観も、知の活用と探索において積極的な意味を持った。テーゲー主義は本来的には最良なバランスを保つという意味であるが、今日では物事を適当にやり過ごすという意味で用いられることがある。時間を守らない、ルールや規則を遵守しないなどの問題が県民性として捉えられ、時にはテーゲー主義の排除が経営者にとっての経営課題の一つとなっている。

ただ、テーゲー主義的な価値観においては、物事に対する大らかさ、寛容さという積極的な側面があることも見逃してはならない。組織の外部にある新たな知を取り入れる際の組織的な柔軟性という面では、障壁を克服しやすい状況にあるといえる。

さらに、知の探索と活用において、相互扶助精神である「ゆいまーる」の考えも積極的な影響を与える。相互扶助を前提としたネットワークでは、他社が自社の知を活用することに対する警戒心が低くなる。ネットワーク内のメンバーは「命どぅ宝」（生命尊重）という価値観を共有した人々でつながっており、メンバー間の信頼が、相互的な利益に結びつくことを保証するものとなっている。仮に、不利益を与えるような行動が取られた場合には、その人物または企業はネットワークから排除される。

以上のような経営風土が、企業外部の知を探索し、それを活用するという企業行動に積極的な影響を与える。知の探索と活用という活動は、ローカル企業に新たな事業の機会、大きな環境変化を乗り越える競争力をもたらす。

ただ、ここで一つ大きな疑問が生じる。知の探索と活用という活動がローカル企業にとって有用というのならば、なぜすべてのローカル企業がこうした戦略的な行動を選択しないのであろうか。一つには、意識の問題である。企業は自社の外に資源があるから取り入れるのではなく、自社の外に資源があることを「認知」し、取り入れることになる。その認知の枠組みとなる経営上の問題意識を、リーダーや組織メンバーが有しているかどうかにかかっている。経営的な問題意識がなければ、恵まれた環境にあり、重要な資源に遭遇したとしても、それを自社に取り込む機会に気づくことがないだろう。

もう一つは、意欲や姿勢の問題である。企業外部に存在する知識を社内に取り込んだからといって、それがすぐに経済的価値を生むわけではない。これらの知識は経済的価値よりもむしろ、社会的価値や文化的価値を有するものが多い。そのような異質な価値を経済的価値へと転換するケイパビリティがあるか否かが重要で、そのケイパビリティを構築する意欲や姿勢がポイントとなるだろう。

このように知の探索と活用という2つの活動を展開するために、現実的問題を克服する必要がある。つまり、経営環境が企業の業績を左右する決定的な要因ではなく、「人」が大事なのである。ダイナミック能力や両利きのマネジメントを理解し、実践できる知識と倫理を持った人材を育成することが、地方には必要だといえる。経営教育への参加機会を創出し、学びを奨励して動機づけていくこと、教育の質を高めるための研究体制を構築することが喫緊の課題であろう。こうした課題の克服が、地域社会や人類の未来につながるだろう。読者にとって、本書が新たな学びへの一つのきっかけとなり、それが人々の次の希望へとつながれば幸いである。

【参考文献】

Burgelman, R.A. (2002) *Strategy is destiny: How strategy-making shapes a company's future*, Free Press.

Christensen, C.M. (2000) *The Innovator's Dilemma*, Harvard Business School Press.（伊豆原弓訳『イノベーションのジレンマ（増補改訂版）』翔泳社、２００１年）

Dougherty (1966) *In Quest of Quality —Hormel's First 75 Years*, Geo. A. Hormel & Co.

Geo A. Hormel & Co, (1991) *The Hormel Legacy: 100 Years of Quality 1891-1991*.

Kerr, George H. (1958) *Okinawa ～ The History of an Island people*.（山口栄鉄訳『沖縄 島人の歴史』勉誠出版、２０１４年）

Lawrence, P.R. and Lorsch, W. (1967) *Organization and Environment*, Harvard University Press.（吉田博訳『組織の条件適応理論』産業能率短期大学出版部、１９７７年）

Levitt, T. (1960) "Marketing Myopia" *Harvard Business Review*, July–August.（ＤＩＡＭＯＮＤハーバードビジネスレビュー編集部訳「[新訳] マーケティング近視眼」『ＤＩＡＭＯＮＤハーバードビジネスレビュー』２００１年11月号、52～69頁）

March, J.G. (1991) "Exploration and exploitation in organizational learning" *Organization Science*, 2 (1), pp.71–87.

O'Reilly, C.A. and Tushman, M.L. (2004) "The Ambidextrous Organization" *Harvard Business Review*, April, pp.74–81.

O'Reilly, C.A. and Tushman, M.L. (2008) "Ambidexterity as a dynamic capability: Resolving the innovator's dilemma" *Research in Organizational Behavior*, 28, pp.185–206.

Padberg, D. I. (1968) *Economics of Food Retailing*, Cornell University Press.

Selznick, P. (1957) *Leadership in Administration*, Harper & Row.（北野利信訳『組織とリーダーシップ』ダイヤモンド社、１９７５年）

Teece, D.J. et al. (1997) "Dynamic Capabilities and Strategic Management" *Strategic Management Journal*, Vol.18, No.7, pp.509–533.

Teece, D.J. (2009) *Dynamic Capabilities and Strategic Management*, Oxford University Press.（谷口和弘他訳『ダイナミック・ケイパビリティ戦略』ダイヤモンド社、２０１３年）

Teece, D.J. (2012) "Dynamic Capabilities: Routines versus Entrepreneurial Action" *Journal of Management Studies*, Vol.49, No.8,

December, pp.1395-1401.

Tushman, M.L. Smith, W.K. and Binns, A. (2011) "The Ambidextrous CEO" *Harvard Business Review*, 2011 June, pp.74-80.

Value Creator (2014)「サンエー（沖縄）上地哲誠社長に聞く王道の商い、本質の経営」『2020 Value Creator』Vol.346 pp.14-21.

赤嶺守（２００３）「王国の消滅と沖縄の近代」豊見山和行編『琉球・沖縄史の世界』吉川弘文館、２３２～２６６頁。

秋守常太郎（１９３０）『沖縄土産』。

秋山勝（２００５）「初期沖縄県政と旧慣温存政策」金城正篤・上原兼善・秋山勝・仲地哲夫・大城将保『沖縄県の百年』山川出版社。

朝岡康二（１９９６）「沖縄諸島における「町」の形成」『国立歴史民族博物館研究報告』第67集、３５５～４００頁。

安里進・高良倉吉・田名真之・豊見山和行・西里喜行・真栄平房昭（２００４）『沖縄県の歴史』山川出版社。

新城俊昭（２０１０）『沖縄から見える歴史風景』編集工房 東洋企画。

新城俊昭（２０１４）『教養講座 琉球・沖縄史』編集工房 東洋企画。

板原兵三郎（１９３７）『沖縄視察記』。

伊丹敬之・加護野忠男（２００３）『ゼミナール経営学入門（第３版）』日本経済新聞社。

入山章栄（２０１３ａ）『世界の経営学者はいま何を考えているのか』英治出版。

入山章栄（２０１３ｂ）「イノベーションが止まらない「両利きの経営」とは?」『日経ビジネスオンライン』http://business.nikkeibp.co.jp/article/opinion/20130207/243451/?P=5
上間創一郎（２０１５）「テラスホテルズの展開とリゾート開発の諸問題―國場組の経営史に即して―」沖縄女子短期大学。

上間隆則（１９８２）「企業と経営風土」島袋嘉昌編『戦後沖縄の企業経営』中央経済社。

上間隆則（２００３）『沖縄企業活性化論―経営理念と人的資源管理の視座―』森山書店。

梅木哲人（２０１３）『新琉球国の歴史』法政大学出版局。

海野文彦（２０１２）『おきなわ懐かし写真館 復帰前へようこそ』ゆうな社。

大宜味朝徳（１９６２）『琉球紳士録 １９６２年版』沖縄興信所。

大城鎌吉（１９８０）『回想八十五年』大扇会。

太田朝敷（１９３２）『沖縄県政五十年』おきなわ社。

大嶺弘子・『沖縄の道を開いた女性たち』編集委員会（１９８９）『沖縄の道を開いた女性たち』新星図書出版。

沖縄県工業連合会（1974）『沖縄県工業要覧』。

沖縄県酒造共同組合（2007）『沖縄県酒造協同組合 三十年史』。

沖縄建設新聞（2001）『新聞が見た建設業』。

沖縄県読谷村役場 農業推進課（出版年不明）『パープル スウィート ポテト』。

沖縄食糧株式会社創立50周年記念史編集委員会（2000）『沖縄食糧五十年史』。

沖縄タイムス社編（1966）『現代沖縄人物三千人』。

沖縄タイムス社編（1980）『私の戦後史 第1集』。

沖縄タイムス社編（1981a）『私の戦後史 第4集』。

沖縄タイムス社編（1981b）『私の戦後史 第5集』。

沖縄タイムス社編（1988）『沖縄経済の顔100人』。

沖縄タイムス社編（1998）『激動の半世紀 沖縄タイムス社50年史』。

沖縄トヨタ自動車社史編集委員会（2002）『沖縄トヨタ50年の歩み』。

沖縄森永乳業株式会社（1995）『沖縄森永乳業四十年史 牛乳と共に40年』。

オグレスビー氏産業開発基金事務局（1986）『沖縄産業の恩人 （故）サムエル・C・オグレスビー氏を讃えて』。

嘉島忠男（1989）『沖縄経営者列伝 第1巻』現代経営出版社。

加藤仁（1986）「リッチマン物語 ―末続桂吾」『BIGMAN』196～201頁。

株式会社上間菓子店（2008）『スッパイマンのあゆみ』。

金秀グループ六五周年記念誌編纂室（2012）『沖縄の産んだ小さな風雲児 〝呉屋秀信と金秀グループ〟（上巻）』金秀グループ。

川端康子（2012）『小売業の国際電子商品調達 ウォルマート、アジェントリクス、シジシーの事例を中心に』同文舘出版。

川端庸子（2016）「ドイツ系小売企業の市場参入とイギリスにおけるプライベートブランド戦略―イギリス系小売企業のビッグ4社（テスコ、セインズベリー、アズダ、モリソンズ）とドイツ系小売企業のアルディとリドルの実態調査―」『阪南論集』第51巻第3号、177～191頁。

記念誌編集委員会編（1988）『八重山農林高等学校五十周年記念誌』八重山農林高等学校創立五十周年記念事業期成会。

金城功（1985）『近代沖縄の糖業』ひるぎ社。

金城宏（１９７７）「寄留商人に関する一考察：その特質と存立基盤。」『商経論集』（沖縄国際大学）第5巻第2号、45〜70頁。

具志堅宗精（１９６５）『なにくそ、やるぞ　―具志堅宗精自伝』琉鵬会。

桑原哲也（２００５）「多国籍企業の対日進出と組織能力の構築　―高度成長期、ゼネラルフーズの流通チャネル政策を中心として―」『国民経済雑誌』（神戸大学）第１９２巻第4号、1〜23頁。

河野啓（２０１３）「本土復帰後40年間の沖縄県民意識」ＮＨＫ放送文化研究所編『ＮＨＫ放送文化研究所年報　２０１３』ＮＨＫ出版。

國場組社史編纂委員会（１９８４）『國場組社史―創立50周年記念―第1部　國場幸太郎略伝』。

琴坂将広（２０１４）「企業は創造性と生産性を両立できるか」『ＤＩＡＭＯＮＤハーバードビジネスレビュー』２０１４年11月号、38〜51頁。

古波津清昇（１９９０）『起業の心得帖』ブックボックス壷川店。

財界九州社（１９９４）「商売嫌いだった私がスーパーの社長になった理由」『財界九州』８３３号、１２６〜１３０頁。

財界九州社（２０００）「創業者の遺志継ぎ成功つかむ〝自主独立〟を貫く沖縄最強スーパー」『財界九州』９１４号、77〜81頁。

財界九州社（２００５）「《沖縄ホーメル》―経営の『原点回帰』から始まった再生への道」『財界九州』９７３号、40〜42頁。

佐久本政敦（１９９８）『泡盛とともに―佐久本政敦自叙伝―』瑞泉酒造株式会社。

佐藤智恵×オライリー（２０１７）「日本企業必見！「イノベーションのジレンマ」解決法　スタンフォード大学経営大学院　オライリー教授に聞く（1）ー（5）」『日経電子版「佐藤智恵×スタンフォード大教授対談」』https://style.nikkei.com/article/DGXMZO12109270V20C17A1000000
産業新聞社（１９７２）『胎動する沖縄企業』。

下地芳郎（２０１２）『沖縄観光進化論』琉球書房。

白水繁彦（２０１８）『海外ウチナーンチュ活動家の誕生　民族文化主義の実践』御茶の水書房。

城間武松（１９６８）『鐵と琉球』金秀鉄工。

新里金福・大城立裕・琉球新報社（１９６９ａ）『沖縄の百年　第1巻＝人物編　近代沖縄の人びと』太平出版社。

新里金福・大城立裕・琉球新報社（１９６９ｂ）『沖縄の百年　第2巻＝歴史編　近代沖縄の歩み（上）』太平出版社。

末続桂吾（１９７９）「沖縄畜産の夜明け　―沖縄を日本のデンマークにしよう―」金城共同法律事務所編『沖縄の現状と課題　―十周年記念誌―』１１９〜１２７頁。

末続桂吾（1981）「ホーメル本土逆上陸のための基本経営戦略」琉球大学経営学会編『マネジメント・リヴュー』第1巻、197～246頁。

砂川晴彦（2008）「明治・大正期の沖縄における商業空間の形成とその系譜」『日本建築学会計画系論文集』第83巻第753号、2229～2237頁。

関満博（2012）「女性起業家の取り組み」関満博編『沖縄地域産業の未来』新評論、146～170頁。

ダイエー社史編纂室（1992）『ダイエーグループ35年の記録』。

大同火災海上保険株式会社（2000）『郷土とともに　―大同火災50年人物史―』。

拓伸会（2007）『拓伸会50年史』。

拓南製鐵（1986）『三十年の記録』。

拓南製鐵（1991）『拓南製鐵三十五年史』。

等松春夫（2019）「もうひとつの「戦後」と日本」「20世紀と日本」研究会編『もうひとつの戦後史 第一次世界大戦後の日本・アジア・太平洋』千倉書房。

中橋國藏（2007）「組織能力と個人知識」遠山暁編著『組織能力形成のダイナミクス』中央経済社、2～22頁。

中橋國藏（2008）「経営資源と組織能力」中橋國藏編著『経営戦略の基礎』東京経済情報出版、87～115頁。

仲程昌徳（2008）「「首里城明渡し」小論」『日本東洋文化論集』（琉球大学）第14巻、1～28頁。

七尾淳也（1999）「沖縄県マルチメディアアイランド構想について」『南方資源利用技術研究会 ニュースレター』32号、25～27頁。

波平勇夫（1984）「沖縄の近代化と社会構成の変動 ―1―」『沖縄国際大学文学部紀要 社会科学篇』第12巻第1号、1～21頁。

波平勇夫（1998）「近代初期宮古島の大地主」『沖縄国際大学社会文化研究』（沖縄国際大学）第2巻第1号、93～120頁。

那覇市市民文化部文化財課（歴史博物館）編（2013）『戦前の沖縄観光 ～ディスカバー・オキナワ～』。

南西地域産業活性化センター編（2011）『ニアックニュースレター』112号。

日経BPマーケティング（2005）『日経ビジネス』2005年6月6日号、110～112頁。

西里喜行（1982）『近代沖縄の寄留商人』ひるぎ社。

西里喜行（2004）「琉球国から沖縄県へ　―世替わりの諸相」安里進・高良倉吉・田名真之・豊見山和行・西里喜行・真栄平

房昭『沖縄県の歴史』山川出版社。

野村アグリプランニング&アドバイザリー株式会社（２０１７）『農林水産省 平成26年度 ６次産業化サポート事業 ６次産業化ネットワーク活動全国推進事業「６次産業化優良事例25選」』50～51頁。

長谷川清（２０１０）「沖縄の泡盛産業」『松蔭大学紀要』（松蔭大学）第13号、１４５～１５２頁。

比嘉堅（２００１）「沖縄の食肉加工産業組織に関する理論的・実証的研究 ―市場構造・市場行動・市場成果の検証―」『商経論集』（沖縄国際大学）第29巻第1号、1～25頁。

東良恒（１９６７）「新しい時代に即した観光事業」琉球列島米国民政府広報局編『今日の琉球』第11巻第8号、10～11頁。

藤井秀登（２０１４）『現代の観光事業論』税務経理協会。

外間完和（２０００）『キャラウエイ旋風 琉球政府金融検査部長回顧録』ひるぎ社。

堀江浩司（２００７）「探求と活用を支える組織をめぐる議論」『広島経済大学経済研究論集』（広島経済大学）第29巻第４号、93～１１１頁。

増淵敏之（２００５）「インディーズ音楽産業の創造現場 ―国内地域での産業化の可能性―」『文化経済学』（文化経済学会）第4巻第3号、19～29頁。

松永歩（２００９）「沖縄公同会運動と早熟な「自立」構想―「特別制度」の「自治」を手がかりに―」『政策科学』（立命館大学）16巻2号、１１３～１２６頁。

三木健（１９９２）「草奔の民衆史・西表炭坑」琉球新報社編『新琉球史―近代・現代編―』琉球新報社。

碧の会創立20周年記年書籍 編集委員会（２００９）『輝きあう女性経営者たち―しなやかに、したたかに、美しく』沖縄県中小企業同友会 女性経営者部会「碧の会」。

宮内久光（２０１３）「沖縄県系経営者ネットワークの形成と展開 ―WUBというビジネス組織―」町田宗博・金城宏幸・宮内久光編『躍動する沖縄系移民 ―ブラジル、ハワイを中心に―』彩流社、95～１３０頁。

宮城仁四郎回想録刊行委員会（１９９６）『業に生く ―宮城仁四郎起業編』琉展会。

宮城和宏（２０１４）「沖縄の小売業 ―サンエーの経済学」沖縄国際大学経済学科編『沖縄経済入門』編集工房東洋企画。

宮城博文（２０１３）『沖縄観光とホスピタリティ産業』晃洋書房。

三輪隆夫（１９８３）「沖縄における食肉加工業とホーメルの役割」『商経論集』（沖縄国際大学）第11巻第2号、1～19頁。

向井清史（１９９２）「ソテツ地獄」琉球新報社編『新琉球史―近代・現代編―』琉球新報社。

八重山農林高等学校（1988）『初代校長 島袋俊一先生を偲ぶ』。

安室憲一（2012）『多国籍企業と地域経済―「埋め込み」の力』御茶の水書房。

矢作敏行（2014）『デュアル・ブランド戦略』有斐閣。

山内昌斗・上間創一郎・城間康文（2013）「沖縄における企業の生成・発展に関する史的研究」『経済研究論集』（広島経済大学）第36巻第2号、39～53頁。

山内昌斗（2016）「沖縄における小売業の生成・発展：サンエーの事例を中心として」『広島経済大学経済研究論集』（広島経済大学）第39巻第3・4号、25～38頁。

吉崎誠二（2013）『職業としての観光　沖縄ツーリスト55年編』芙蓉書房出版。

吉田茂（1978）「沖縄県の食肉消費構造の特質について」『沖縄農業』（沖縄農業研究会）第14巻第2号、39～42頁。

吉原英樹（2015）『国際経営』有斐閣。

与世山茂・宮城仁四郎・久場政彦・久場川敬・稲峰未知男（1963）「産業座談会 貿易自由化問題と産業育成の在り方」『沖縄公論』第17号、40～48頁。

與那原建（1995）「ストレッチ戦略と経営資源のレパレッジ」『琉球大学経済研究』（琉球大学）第50号、123～140頁。

與那原建（1998）「組織能力をめぐる議論について―「コア・コンピタンス」論と「ケイパビリティ」論の比較―」『琉球大学経済研究』（琉球大学）第55号、83～98頁。

與那原建（2007）「経営組織の設計」柴田悟一・中橋國藏編著『経営管理の理論と実際（新版）』東京経済情報出版、263～289頁。

與那原建（2010）「ダイナミック能力論の可能性　―競争戦略論の統合化に向けて―」『琉球大学経済研究』80、125～145頁。

與那原建（2015）「ダイナミック能力と両利きのマネジメント」『琉球大学経済研究』（琉球大学）第89号、49～63頁。

與那原建（2017）「オライリー&タッシュマンのダイナミック能力論―両利きの実現可能性にかかわる命題の検討―」『琉球大学経済研究』（琉球大学）第94号、51～60頁。

與那原建・山内昌斗（2021）『沖縄経済と業界発展―歴史と展望―』1950倶楽部編、光文堂コミュニケーションズ。

琉球協同飼料（1992）『創立30周年記念誌』。

琉球銀行調査部（1984）『戦後沖縄経済史』。

琉球工業連合会（1970）『沖縄工業要覧』。
琉球新報（2008）『沖縄列伝』。
琉球新報社編集局政経部（1998）『沖縄の企業と人脈』。
琉球新報百年史刊行委員会（1993）『琉球新報百年史』琉球新報社。
琉球政府総務局広報課（1967）『琉球のあゆみ』第10巻第4号。
琉球石油株式会社（1986）『琉球石油社史　35年の歩み』。
琉球セメント（2010）『郷土と共に　琉球セメント50年の歩み』。

【参考資料】

「TVウィークリー　沖縄の農業（第1企業）」（1966）（沖縄県公文書館所蔵　資料コード0000087007）
帝国データバンク『帝国銀行会社年鑑』58〜64版

【新聞記事】

「沖縄タイムス」1997年4月17日
「沖縄タイムス」2012年6月30日
「日経流通新聞」1986年8月28日
「日経流通新聞」1993年7月8日
「日経流通新聞」1995年6月20日
「日経流通新聞」2002年6月2日
「日経流通新聞」2002年11月16日
「日経流通新聞」2003年7月29日
「日経流通新聞」2007年4月30日
「日本経済新聞」1989年8月11日地方経済面　西部特集

「日本経済新聞」１９９０年２月15日地方経済面
「日本経済新聞」１９９８年12月４日地方経済面
「日本経済新聞」２０１１年９月１日地方経済面　沖縄九州経済
「日本経済新聞」２０１１年12月14日地方経済面　沖縄九州経済
「日本経済新聞」２０１２年10月13日地方経済面
「日本経済新聞」２０１４年９月６日地方経済面　沖縄九州経済
「日本経済新聞」２０１４年９月27日地方経済面
「琉球新報」１９７１年７月８日
「琉球新報」２０１５年12月26日

【著者紹介】

與那原　建（よなはら　たつる）（執筆分担　まえがき、第1章、第8章、あとがき）

琉球大学国際地域創造学部経営プログラム教授。

琉球大学法文学部経済学科経営学専攻卒業の後、神戸商科大学（現兵庫県立大学）大学院経営学研究科博士後期課程単位取得。

共著に『沖縄経済と業界発展―歴史と展望―』（１９５０倶楽部編、光文堂コミュニケーションズ、２０２１年）、『経営戦略の基礎』（中橋國藏編著、東京経済情報出版、２００８年）が、また主要論文に「ダイナミック能力と両利きのマネジメント」（『琉球大学経済研究』２０１５年）、「キーワードで読み解く「戦略の本質」の読み方」（岩崎卓也と共著『DIAMOND ハーバード・ビジネス・レビュー』２０１１年6月号）などがある。

山内　昌斗（やまうち　まさと）（執筆分担　まえがき、第2〜7章、あとがき）

専修大学経営学部ビジネスデザイン学科教授。

琉球大学法文学部経済学科経営学専攻卒業の後、愛知学院大学大学院経営学研究科博士前期課程修了、神戸商科大学（現兵庫県立大学）大学院経営学研究科博士後期課程単位取得。

単著に『日英関係経営史』（溪水社、２０１０）、共著に『沖縄経済と業界発展―歴史と展望―』（１９５０倶楽部編、光文堂コミュニケーションズ、２０２１年）、『安室憲一の国際ビジネス入門』（安室憲一監修、古沢昌之・山口隆英編著、白桃書房、２０１９年）が、また主要論文に「沖縄における製鋼業の生成・発展と社会的企業家活動：拓南製鐵・古波津清昇の事例から」（『経営哲学』（経営哲学学会）２０１４年）などがある。

沖縄企業の競争力

二〇二一年三月一五日　第一版第一刷発行

検印省略

著者　與那原　建
山内　昌斗

発行者　前野　隆

発行所　〒162-0041 東京都新宿区早稲田鶴巻町五三三
株式会社　文眞堂
http://www.bunshin-do.co.jp
電話　〇三―三二〇二―八四八〇番
FAX　〇三―三二〇三―二六三八番
振替　〇〇一二〇―二―九六四三七番

製作　モリモト印刷

ISBN978-4-8309-5122-0　C3034

BUNSHINDO